Elmar Lixenfeld
Angela Pfotenhauer

Trier

Welterbe

monumente edition
Deutsche Stiftung Denkmalschutz

Was soll ich Hallen erwähnen, neben grünenden Wiesen errichtet, was Dächer, gestützt auf zahllose Säulen? Was noch die Bäder, die auf gemauertem Sockel am Flusse rauchen, wenn Mulciber dem glühenden Ofen entströmt, ausgeschnaubte Flammen durch hohle Stuckwände wirbelt und beim Ausströmen die Hitze den eingeschlossenen Dampf ballt? Ich sah schon manche, die erschöpft vom starken Schwitzen im Bade, die Becken und kalten Bassins verschmähten, um das fließende Wasser zu genießen, und dann, vom Strom neu belebt, den kalten Fluss mit plätscherndem Schwimmen vor sich hertrieben. Käme ein Gast von Cumaes Gestaden hierher, so würde er meinen, das euböische Baiae habe dieser Gegend ein bescheidenes Abbild von sich geschenkt, solche Verfeinerung und solcher Glanz locken hier, wobei der Genuss nicht in Verschwendung entartet. Wie aber könnte ich endlich aufhören, deine blauen Fluten zu loben und dich zu preisen, Mosel, als ebenbürtig dem Meer, da weithin zahllose Flüsse von beiden Seiten dir zuströmen?

Decimus Magnus Ausonius,
Mosella, um 371.

Eine römische katholische Stadt

Wer denkt bei Trier nicht unwillkürlich zuerst an Römer? Das römische Stadttor, die Porta Nigra (S. 20), ist nun einmal ein bildmächtiges und wirkungsvolles Wahrzeichen von *Deutschlands ältester Stadt.* Und seit der großen Landesausstellung über Kaiser Konstantin den Großen im Jahr 2007 weiß wohl jedes Schulkind, dass Trier im 3. und 4. Jahrhundert die Provinzhauptstadt des Römischen Weltreiches war. Was hatte das für Folgen für die heutige Stadt?

Triers Stadtbild kann diese Frage beantworten, kann die Geschichte von den Römern bis zur Großstadt erzählen. In kaum einer anderen alten Stadt in Deutschland kann man die Kontinuität und die Entwicklung von der römischen Antike über die bischöfliche Residenzstadt bis zum heutigen Leben so konzentriert an den markanten Orten im Stadtbild ablesen wie hier. Die mittelalterliche Bürgerstadt und die Domstadt stehen in und auf der alten Römerstadt, und die moderne Stadt entwickelte sich wieder an der gleichen Stelle. Die geografische Lage Triers im fruchtbaren Tal der Mosel – im Norden von den Höhenzügen der Eifel und im Süden von den Hochflächen des Hunsrück begrenzt – bot ideale Bedingungen für eine Stadtgründung.

Trier ist eine kleine Großstadt im Herzen Westeuropas, keine halbe Autostunde von Luxemburg entfernt. Deshalb wird die geschichtsträchtige Altstadt von vielen Gästen aus Frankreich, Belgien und Luxemburg besucht, die Trier überdies als Einkaufsstadt schätzen.

Blick von der Aussichtsplattform Petrisberg nach Westen.

Der inhaltliche Aufbau dieses Buches

Dieses Buch versteht sich als Einführung für alle Triergäste. Es will einem an Geschichte interessierten Gast, der möglicherweise noch nie in Trier war, helfen, sich selbständig einen Überblick über die gewachsenen städtebaulichen Zusammenhänge zu verschaffen. Als Orientierungspunkte dienen die bekannten Baudenkmale, die man heute im Stadtbild erleben kann, und die alle sehr gut zu Fuß, mit dem Fahrrad oder in nur wenigen Minuten mit dem Bus erreichbar sind.

Deshalb werden in diesem Buch ausschließlich Blicke gezeigt, die ein Gast sehen kann; bewusst wurde bei der Buchkonzeption auf *historische* Darstellungen verzichtet. Denn alte Ansichten der Stadt und ihrer Gebäude findet man in den Trierer Museen, die allesamt fußläufig erreichbar sind: Das *Städtische Museum im Simeonstift* vermittelt mit seinem Stadtmodell und alten Stadtansichten – wie zum Beispiel von der Porta Nigra vor der Freilegung –, wie die heutige Stadt entstand. Das *Rheinische Landesmuseum Trier* zeigt eine überwältigende Fülle höchst qualitätvoller römischer Mosaiken, Alltagsgegenstände, Münzen und Modelle – zum Beispiel auch die Vorgänger der Römerbrücke –, durch die man einen anschaulichen Eindruck von der antiken Stadt gewinnt. Als drittes großes Museum ergänzt die Sammlung des *Dom- und Diözesanmuseums* – zum Beispiel mit der spektakulären römischen Raumdecke – die Geschichte der christlichen Stadt.

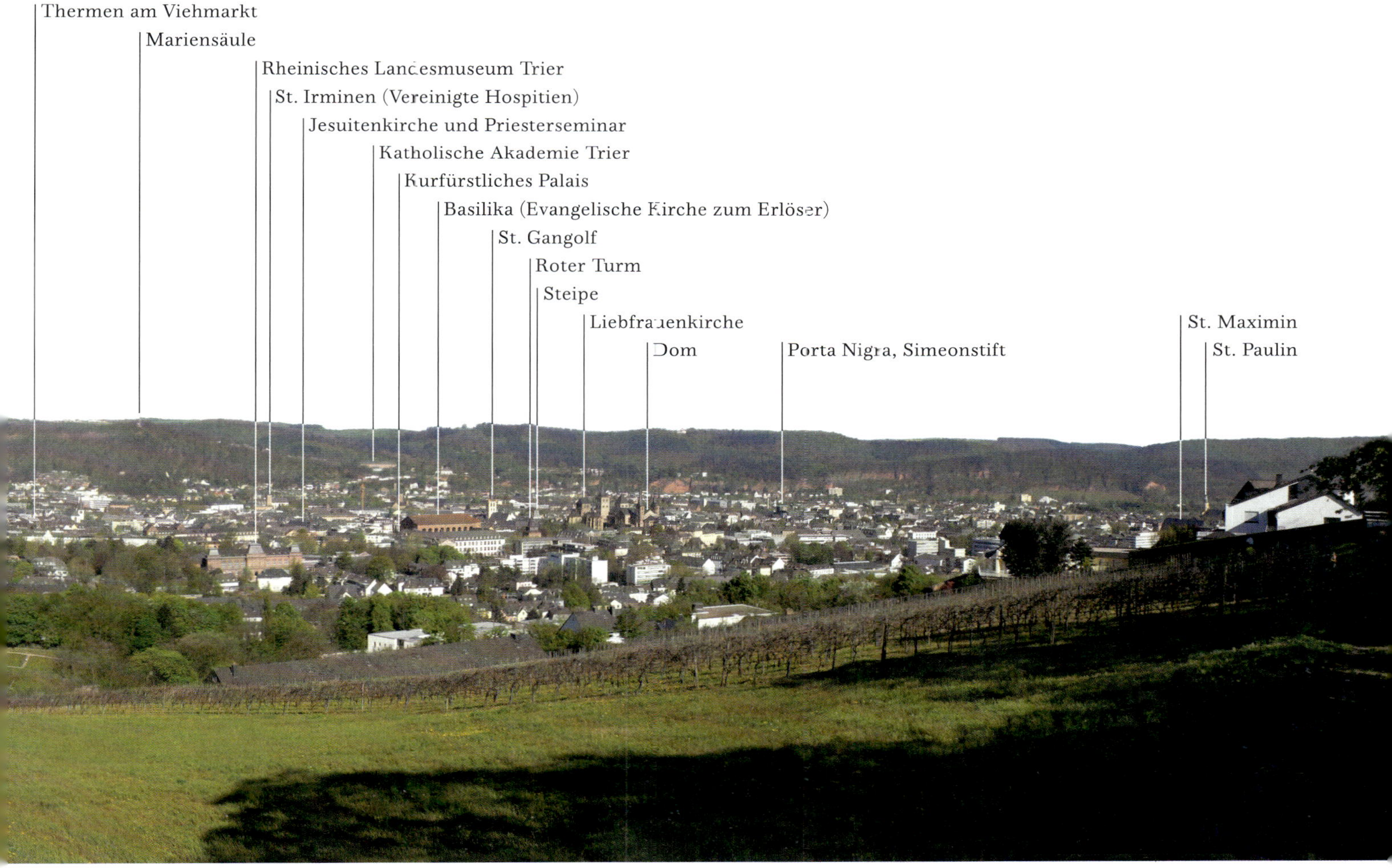

Weitere Museen in Trier, wie die *Stadtbibliothek*, die *Domschatzkammer* oder das *Karl-Marx-Haus*, vertiefen und erweitern Einzelaspekte.

Wenn in diesem Buch die (Bau-)Geschichte einzelner Orte beschrieben wird, dann immer im Hinblick darauf, wie sie mit den anderen Gebäuden zusammenhängen. Es geht in dieser Einführung keineswegs um Vollständigkeit, sondern um eine subjektive Auswahl, um neugierig auf Mehr zu machen.

Das Alte, das man in Trier sieht, ist ein bewusst Gestaltetes, das nicht immer so war – und vor allem nicht so sein muss. Trier ist ganz wesentlich von den Freilegungen der *Römerbauten* seit dem frühen 19. Jahrhundert geprägt. An berühmten Bauten wie der Porta Nigra lässt sich nachvollziehen, dass oftmals jüngere Schichten zerstört wurden, um Älteres herauszupräparieren. Die inhaltliche Abfolge in diesem Buch ist daher zugleich chronologisch und topografisch angelegt: Es geht darum, ein Gefühl für die historischen *Schichten* zu entwickeln.

Schichten, das sind im modernen Stadtbild vor allem zweierlei: Die *antike römische Stadt* und die *mittelalterliche Stadt*, die *in* der antiken Stadt entstand. Aus beidem erwuchs die heutige Stadt. Deshalb werden zunächst diejenigen Römerbauten vorgestellt, die heute (wieder) sichtbar sind, um an ihnen die Grundstrukturen römischer Herrschaft und Stadtplanung zu zeigen. Die Gebäude werden chronologisch vorgestellt, denn

Blick von Alt Pallien nach Osten.

einige entstanden in der *ersten* Ausbauphase Mitte des 2. Jahrhunderts nach Christus; dazu zählen die *Römerbrücke* (S. 16), die Stadtmauer mit der *Porta Nigra* (S. 20), das *Amphitheater* (S. 28) und die *Barbarathermen* (S. 34). Die anderen heute zu sehenden Römerbauten entstanden rund 150 Jahre später: die *Thermen am Viehmarkt* (S. 36), die *Kaiserthermen* (S. 38) und die Aula Palatina. Der *Tempelbezirk im Altbachtal* (S. 42) schließt dieses erste Kapitel inhaltlich ab, denn diese Stelle erinnert daran, dass Vieles noch im Boden liegt – und dadurch konserviert ist.

Man vergisst heute leicht, dass die antiken Gebäude öffentliche, teilweise kaiserlich finanzierte Großprojekte waren und wir heute vor Ruinen oder in Rohbauten ohne die damaligen Raumdekorationen und die entsprechend gestaltete Umgebung mit Parkanlagen und Nebenräumen stehen. Die Barbarathermen etwa waren öffentliche Badepaläste für die Treverer mit einer Prachtentfaltung, die wir heute noch atemberaubend fänden. Immer hingen die großen Bauunternehmungen von der politischen und wirtschaftlichen Großwetterlage im römischen Imperium ab – was an den drei in Trier erhaltenen Thermen exemplarisch dargestellt wird. Wie stadtbeherrschend die kaiserzeitlichen Römerbauten für Trier waren, erahnt man, wenn man von den Höhenzügen im Osten und Westen auf die Moselstadt schaut: Das Ensemble aus Dom und Liebfrauen, die Basilika und die Kaiserthermen ragen aus

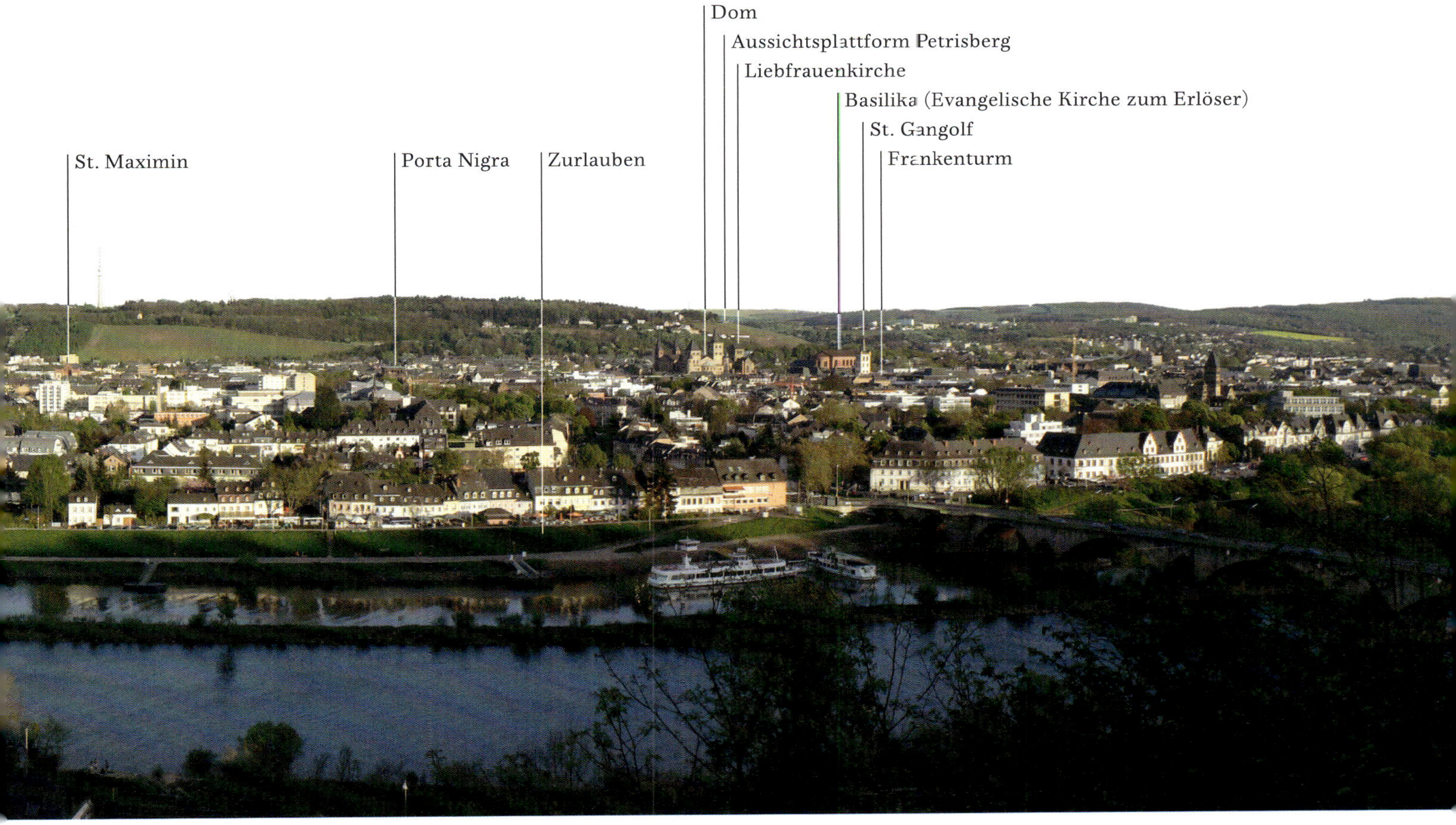

Gleich gegenüber von Trier liegt auf der linken (westlichen) Moselseite das alte Mühlendorf Alt Pallien mit seiner Pfarrkirche.

Seit der Eingemeindung im Jahr 1912 gehört es zur Stadt Trier, die seit einiger Zeit laut Definition eine *Großstadt* ist, denn mit allen Vororten und den hiesigen Studentinnen und Studenten hat Trier mehr als 100 000 Einwohner.

der modernen Bebauung hervor. Sie entstanden auf zusammengelegten Stadtquartieren, die für diese Projekte abgerissen wurden.

Auch die nächste Phase der Stadtentwicklung macht sich an Großprojekten fest: Innerhalb der Römerstadt entwickelt sich *in* und *auf* den markanten antiken Gebäuden die Domstadt. Die Bischöfe nutzen die antike Aula Palatina, die heute *Basilika* (S. 44) genannt wird, als Residenz weiter. Wenige Minuten davon entfernt stehen der *Dom* und die *Liebfrauenkirche* (S. 62).

Das Besondere ist, dass diese beiden Kirchen direkt aus der römischen Kirchenanlage hervorgingen, und bis heute der so genannte ›Quadratbau‹ des 4. Jahrhunderts im Dom ablesbar ist. Wie Franz Ronig in seinen Publikationen betont, hatte die Domstadt einen ›quasi klösterlichen Charakter‹: Der Bischof ließ um sie herum eine schützende Mauer errichten, deren Tor zur Stadt der Bürger abends verschlossen wurde. Diese Mauer um die Domimmunität wurde nach der Mutter des römischen Kaisers Konstantin *Helenenmauer* genannt. Ihr Verlauf ist bis heute ablesbar. Später entstanden auf den Wohnhäusern der Kleriker die barocken Domkurien, für die das *Palais Kesselstatt* (S. 80) und das *Palais Walderdorff* (S. 82) stehen.

Die Domstadt ist sehr viel kleiner als die antike Stadt; nach den Katastrophen der Spätantike, nach mehreren Stadtplünderungen und dem Normannensturm im Jahr 882 war jahrhundertelang nur noch ein kleiner Teil der antiken Großstadt besiedelt. Zwischen der römischen Mauer und der darin liegenden Domstadt befanden sich kleinere Siedlungen und Stadtviertel; dazwischen dehnten sich Felder, Wiesen und auch unbewohnte, teilweise zerstörte alte Stadtviertel aus. Direkt neben (westlich) der Domstadt entwickelte sich das Zentrum der Bürgerstadt mit dem *Hauptmarkt* (S. 90) als wirtschaftlichem Knotenpunkt.

Da der alte Weg durch Trier weiterhin, seit der römischen Zeit, durch die Porta Nigra und die Simeon-

Den Häusern in Alt Pallien bleibt nur ein schmaler Uferstreifen zwischen der Mosel und den steil aufragenden roten Sandsteinfelsen.

straße verlief, und die alte Römerbrücke die östliche Stadtseite mit dem westlichen Moselufer verband, entstand der Hauptmarkt am Schnittpunkt der Diagonale zwischen dem nördlichen und südwestlichen Stadtausgang. Am Markt kamen sie alle vorbei, die Kaufleute, Händler, Handwerker, Pilger und auch die Trierer und Triererinnen.

Viele Wohnhäuser wurden im Laufe der Jahrhunderte zerstört, und im Zweiten Weltkrieg hat die Stadt sehr gelitten. Die Trierer konnten viele Gebäude wieder aufbauen, haben völlig zerstörte Häuser rekonstruiert und an manchen Stellen ganze Stadtviertel neu gebaut. Für dieses Buch wurden vier prominente Bürgerhäuser unterschiedlicher Entstehungszeiten als Beispiele ausgewählt: Der *Frankenturm* (S. 84) ist ein weitgehend original erhaltener mittelalterlicher Wohnturm, der um das Jahr 1100 aus römischen Steinen gebaut wurde; das *Dreikönigenhaus* (S. 98) zeigt, wie die Wohnturmgestalt mehr als 120 Jahre später weiterentwickelt wurde; die *Steipe* (S. 94) wurde als Statussymbol einer starken Bürgerschaft um 1430 gebaut; das Karl-Marx-Haus (S. 102) ist nicht nur ein typisches Trierer Barockhaus, sondern das Geburtshaus eines Philosophen, dessen Ideen die Welt verändern sollten.

Im Anschluss an die Bürgerhäuser werden die geistlichen Zentren vorgestellt, auch diese in Auswahl, denn viele bedeutende Kirchen und Klöster Triers gingen in der Säkularisation 1803 unter. Die Reihe beginnt mit der salischen *Heiligkreuzkapelle* (S. 104) im Südosten der Stadt; die *Vereinigten Hospitien* entstanden unter Napoleon im aufgelösten Stift *St. Irminen* (S. 108), das in zwei römischen Lagerhallen gegründet worden war. Anschließend werden drei einst mächtige Stifte vorgestellt, *St. Matthias* (S. 112), *St. Maximin* (S. 116) und *St. Paulin* (S. 118) – alle drei an antiken Begräbnisstätten gegründet. Schließlich wird bei der *Jesuitenkirche* (S. 122) die Entwicklung vom Franziskanerkloster zum Bischöflichen Priesterseminar erzählt.

Vom westlichen Moselufer in Höhe der Römerbrücke (S. 16) ist die Stadt hinter der durchgrünten Uferzone kaum wahrnehmbar. Zwei alte Moselkräne akzentuieren das *Krahnenufer* vor der Altstadt.

Südlich von Trier liegt der kleine Yachthafen von Trier-Monaise, wenige Schritte davon entfernt steht das Schloss Monaise (S. 134).

Ein römisches Sandsteinrelief – Original im *Rheinischen Landesmuseum Trier*, Kopie vor dem Palais Kesselstatt – erinnert an die Zeit vor etwa 1700 Jahren, als auf der Mosel ein reger Betrieb herrschte und in Höhe des heutigen *Krahnenufers* das antike Hafenleben pulsierte.

Blick vom Petrisberg Richtung Südwesten in das Moseltal hinein. Im Hintergrund das Weindorf Olewig.

Der Höhenzug des Petrisberges grenzt das Moseltal, in dem die Altstadt von Trier liegt, im Osten ab. Hier oben stehen auch die Gebäude der Trierer Universität. Im Zusammenhang mit der Landesgartenschau 2004 ist auf dem Petrisberg – nach fast sieben Jahrzehnten militärischer Nutzung – ein neuer Trierer Stadtteil mit *Wissenschaftspark* und einem ambitionierten Bau- und Gartenkonzept entstanden.

Seitdem hat sich hier oben ein neues Stadtviertel mit qualitätvollen, individuellen Wohnhäusern, einem reizvollen Wasserbassin und Grünzonen entwickelt.
Im Hintergrund die begehbare und bei den Trierern als Aussichtsturm beliebte Stahlskulptur, gestiftet von der Stadt Luxemburg.

Im letzten inhaltlichen Block wird durch drei sehr unterschiedliche Beispiele daran erinnert, dass die römische und die mittelalterliche Stadt keineswegs an den Stadtmauern endeten, sondern das Umland besiedelt war. Anders wäre eine Stadt wie Trier – mit 80 000 Einwohnern auf einer Fläche von 285 Hektar in der Antike die größte Stadt nördlich der Alpen – nicht denkbar. Die *Igeler Säule* (S. 130) vermittelt einen Eindruck von der römischen Grabmalkunst. Die Residenzanlagen an der Mosel, *Pfalzel* (S. 126) im Norden und *Schloss Monaise* (S. 134) im Süden von Trier, verweisen auf die Kontinuität der Paläste und Sommerresidenzen vor den Toren der Stadt von der Römerzeit bis in die Erzbischöfliche Zeit. Die subtile Architektur von Schloss Monaise zeigt baulich überdies das Ende des Alten Reiches – gestalterisch erkennbar in der Abwendung vom Barock und Hinwendung zum Klassizismus.

Diese Auswahl prominenter Baudenkmale gibt Lesern, die bis jetzt wenig in Trier kannten, eine Grundlage für vertiefende Spezial-Darstellungen, die es über Trier reichlich gibt.

Kontinuität seit zwei Jahrtausenden

Geschichtsträchtigkeit allein hätte nie ausgereicht, um Trier so beliebt zu machen. Trier ist für viele ein außergewöhnlich attraktiver *Wohn*ort. Die Moselstadt ist durchgrünt und besitzt qualitätvolle Siedlungen. Sie lebt keineswegs von ihren Gästen, sondern durch ihre Bürgerinnen und Bürger, die sich auf den vielen Plätzen treffen – etwa auf dem Marktplatz, dem Kornmarkt, dem Domfreihof, im Garten des Kurfürstlichen Palais, in Nell's Ländchen, am Moselufer und auf dem Petrisberg.

Und noch etwas spürt man hier sehr deutlich: Trier ist auch im 21. Jahrhundert eine römisch-katholisch geprägte Stadt, ein sehr alter Bischofssitz. Allein der *heilige Rock* im Dom ist das Ziel Zehntausender Pilger; darüber hinaus nehmen viele Menschen an den

Matthiaswallfahrten nach St. Matthias teil, die das einzige Apostelgrab nördlich der Alpen zum Ziel haben. Außerdem gibt es mehrere Volksheilige wie die aus der Eifel stammende Schwester Blandine, die neben dem heiligen Paulin in St. Paulin verehrt wird. Warum aber ist Trier *römisch*-katholisch?

›Römisch‹ ist eine Haltung – keine Ethnie

Nach heutigem Kenntnisstand wurde Trier unter der Regierungszeit von Kaiser Augustus im Jahr 17 vor Christus gegründet. Rund hundert Jahre danach, wahrscheinlich unter Kaiser Hadrian, verlegten die Römer den Sitz ihres Provinzverwalters nach Trier. Nun folgten umfangreiche Baumaßnahmen, wie ein Regierungsviertel, neue Straßen und eine neue Brücke. Wenngleich die Römer ihre Gründung im besiegten Land der Gallier *Augusta Treverorum, Stadt der Treverer* nannten, ist von deren Siedlung nichts übrig geblieben – bis auf Funde, die im *Rheinischen Landesmuseum Trier* aufbewahrt werden.

Unsere heutigen Vorstellungen von Trier als einer *Römerstadt* gehen auf die Sichtweisen und die Stadtplanungen des 19. Jahrhunderts zurück. Seitdem überlagert die *Römerstadt* alle älteren – und manche jüngeren – Zeitschichten. Dieses Bild auf die Stadt lässt oft vergessen, dass hier lange *vor den Römern* bereits seit Jahrtausenden Menschen gesiedelt hatten, zuletzt die Treverer, also Gallier oder Kelten. In den mehr als vier Jahrhunderten unter römischer Herrschaft haben sich hier viele tausend Einheimische und vormalige Besatzer, Alteingesessene und Zugereiste, Menschen aus vielen Teilen der Welt und mit unterschiedlichen Glaubensvorstellungen niedergelassen; nach vier Jahrhunderten *Römerzeit* sind die Begriffe *Treverer* und *Römer* lange schon keine ethnischen Zuordnungen mehr, sondern allenfalls Gruppenzugehörigkeiten, die eine gewisse Haltung ausdrücken.

Ebenso verwirrend ist es, wenn man die Begriffe *Römer* und *Christen* verwendet, denn *die Römer* haben nicht *die Christen* verfolgt, sondern Christen gehörten neben anderen Religionen zum römischen Imperium, das aus vielen Völkern bestand. Im Westen des Reiches gab es überhaupt keine Christenverfolgungen. Auch ging das römische Weltreich nicht *unter,* sondern allenfalls *auf,* und zwar in einem neuen Gemeinwesen – was ganz besonders an Triers Geschichte zu sehen ist. Viele römische Treverer – oder treverische Römer – wurden Christen, andere blieben noch Generationen lang bei dem alten Glauben ihrer Väter und Mütter. Römern war grundsätzlich die Tradition wichtig, die Erinnerungslinie in ihrer Großfamilie. Gerade in Trier trifft man immer wieder auf das lange Nebeneinander unterschiedlicher Religionen.

Das Imperium assimiliert das Christentum

In Trier, der kaiserlichen Provinzhauptstadt, in einem politischen und kulturellen Zentrum ersten Ranges, das finanziell über mehrere Generationen hinweg aus höchsten Kreisen der römischen Gesellschaft gefördert wurde, kamen Menschen aus allen Teilen des Reiches mit unterschiedlichen Sprachen zusammen. Hier wurde auch der Kirchenvater Ambrosius geboren, hier lehrte Hieronymus, hier wirkte ein Philosoph wie Athanasius von Alexandria – wenn auch unfreiwillig –, auch Martin von Tours lebte hier.

Dadurch, dass Trier in der Antike ein politisches Machtzentrum, eine Hauptstadt war, konnte sich hier später leicht wieder ein Zentrum, nunmehr ein bischöfliches, entwickeln. Die Politik Kaiser Konstantins stellte im frühen 4. Jahrhundert – rückblickend – die Weichen für die Entwicklung des christlichen Europa. Das römische Imperium besaß die faszinierende Fähigkeit, fremde Kulturen und Religionen zu assimilieren. Ein Römer konvertiert nicht – ein Römer *vereinnahmt* fremde Glaubensvorstellungen und transformiert sie. Vom unbesiegbaren Sonnengott *Sol invictus* und von den orientalischen Kulten wie dem Mithraskult, dessen Blütezeit zu Konstantins Zeit vorbei war, war es für einen Herrscher mit imperialem Anspruch nur ein kleiner Schritt zum Gott der Christen. Als *Römer* ging es Konstantin stets um die *Einheit* seines Imperiums – er wollte *alleiniger* Herrscher werden.

Der Politiker Konstantin holt das Christentum aus dem privaten Raum (Hauskirchen) in den öffentlich kontrollierbaren Raum, indem er große, für alle zugängliche Basiliken bauen lässt. Ob er nun ›wirklich ein Christ‹ wurde oder ein strategisch handelnder Heerführer war, oder vielleicht beides – er erkannte die *politische* Dimension des Christentums. Trier war die geistige Geburtsstätte einer neuen römischen Religionspolitik. Deshalb ist es richtig, dass man in der römisch-katholischen Stadt Trier zuerst an Römer denkt.

Trier liegt in einer zauberhaften Landschaft mit kleinen Nebenflüssen, die in die Mosel münden: Impressionen von der Kyll auf dem Weg von Quint nach Pfalzel.

Römerbrücke

Was für eine Lage! Die Mosel mit ihrer beinahe zweitausend Jahre alten Römerbrücke, dazu die durchgrünten Uferzonen mit Spazierwegen, am westlichen Moselufer steile Rotsandsteinfelsen, im Osten ein Tal, und in dieser Ebene das Stadtzentrum – das ist Trier.

Das Ufer der modernen Stadt wird von einer grünen Idylle geprägt – ganz im Unterschied zu größeren Städten mit vergleichbarer Lage am Fluss. Mittelalterliche Städte wie Mainz und Köln präsentierten den ankommenden Pilgern und Kaufleuten schon von weitem ihre Stadtsilhouette wie ihre Visitenkarte; hinter der Stadtmauer erhoben sich Kirchen und Türme, deren Schauseiten zum Fluss hin besonders prächtig gestaltet wurden. Ganz anders Trier, das seine wirtschaftliche und kulturelle Glanzzeit in der Antike erlebt hatte. Als die Stadt dann im Mittelalter zur Residenzstadt des Kurfürstentums Trier aufstieg, wurden in der erzbischöflichen Stadt der Dom, die Stifte und Klöster ausgebaut – wie in anderen Bischofsstädten auch; doch die mächtigen baulichen Anlagen erheben sich nicht direkt am Ufer, sondern in einiger Entfernung.

Heute eine Idylle – vor zwei Jahrtausenden ein Verkehrsknotenpunkt in Westeuropa

Die unter Kaiser Augustus um das Jahr 17 v. Chr. in der römischen Provinz Gallien gegründete Stadt, die *Augusta Treverorum,* war nie ein Kastell, sondern immer eine zivile Stadt mit einem hohen Anteil einheimischer, gallischer Bevölkerung, eben jenen *Treverern,* nach denen Trier benannt ist. Als Verwaltungs- und Handelszentrum wurde das römische Trier solide befestigt, und das rechtwinklige Verkehrsnetz war auf den Fluss hin ausgerichtet. Vom *Forum* führten mehrere Straßen geradewegs zum Ufer beziehungsweise auf die Brücke zu. Trier war Mitte des 2. Jahrhunderts mit 285 Hektar die größte Stadt nördlich der Alpen, dreimal so groß wie Köln. Eine Stadt dieser Dimension verfügte über einen Hafen mit Werften, Kränen und

Lagerhallen (S. 108, Horrea in St. Irminen). Schließlich war die Mosel der Lebensnerv, der überregionale Verkehrs- und Handelsweg für die römische Provinz im Land der unter Caesar besiegten Gallier. Die Mosel mündet in Koblenz in den Rhein, dem als Reichsgrenze größte Bedeutung zukam.

Das Moselland ist uraltes Siedlungsland

Heute geht es beschaulicher auf der Mosel zu, denn längst ersetzen Lastwagen, Eisenbahn und Flugzeug den Güterverkehr. Die Mosel ist für große Frachter zu flach und zu schmal, sie hat sich weitgehend zum Freizeitfluss entwickelt: Wer *an die Mosel* fährt, drückt damit aus, dass er Urlaub macht. Radfahrer lieben den Moselradweg zu Füßen des Moselweins, Freizeitvergnügen haben lange schon das Fischereigewerbe und die Hafenarbeit abgelöst.

Die geografischen Bedingungen mit der fruchtbaren Talmulde ließen an dieser Stelle schon vor Jahrtausenden Menschen siedeln. Via Trier als Provinzhauptstadt der *Gallia Belgica* konnten die Römer ihre Truppen in den Militärstädten am Rhein gut versorgen. Nachdem Kaiser Diocletian in kluger Voraussicht sein riesiges Imperium im Jahr 284 verwaltungstechnisch aufgeteilt hatte, entschieden sich im Westen des Reiches mehrere Unterkaiser für Trier als Residenz. In dieser Funktion stieg Trier zur viertwichtigsten Stadt auf.

Mit etwa 100.000 Einwohnern ist Trier heute nicht viel größer als die antike Residenzstadt. Zwischenzeitlich war die hoch entwickelte städtische Infrastruktur der Römer nahezu völlig vergessen. Ehemalige römische Stadtviertel lagen im Mittelalter brach. Dafür bildeten sich um die nunmehr aufblühenden Stifte und Klöster außerhalb der römischen Stadtmauer kulturelle und wirtschaftliche Zentren. Heute liegen die Ziele der Gäste von Trier – wie die Porta Nigra (S. 20), die Basilika (S. 44) und die Thermen (ab S. 34) – mitten in der modernen Stadt.

Römische Pfeiler aus der Mitte des 2. Jahrhunderts tragen heute die moderne Fahrbahn.

In der Antike dürfte auf der Römerbrücke ein äußerst reger Verkehr geherrscht haben, denn die Brücke bildet einen neuralgischen Punkt auf dem europaweiten Straßennetz der Römer.

Entsprechend repräsentativ waren an diesem Eingang zur Stadt die römischen Brückentore gestaltet. Auch von den in Ufernähe stehenden prächtigen Tempeln ist heute nichts mehr zu sehen.

Die Brücke ist die dritte Römerbrücke

Triers Hafen und Gewerbegebiete liegen heute vor der Stadt, der antike Hafen ist verschwunden – ebenso wie die beiden älteren Brücken. Die wichtigste Ost-west-Verbindung durch die Stadt, die vom römischen Zentrum mit dem Forum schnurgerade zur Mosel führte, war der *Decumanus Maximus*, der über die Moselbrücke hinaus auf die linke Moselseite führte und innerstädtisch etwa dem Verlauf der *Kaiserstraße* entspricht.

Seit fast zwei Jahrtausenden tragen die römischen Brückenpfeiler die – mehrfach erneuerte – Fahrbahn, über die täglich etliche Autos und Lastwagen fahren. Die Gründungspfähle der erhaltenen Brücke sind dendrochronologisch auf das Jahr 144 n. Chr. datiert. Damit gehört sie in eine Phase intensiv betriebener Stadtplanung: Sie wurde gemeinsam mit den ufernahen Barbarathermen (S. 34), dem Amphitheater (S. 28) und der Stadtmauer mit Torburgen wie der Porta Nigra (S. 20) geplant. Ihre Fahrbahn bestand ursprünglich aus Holz und wurde erst im 14. Jahrhundert durch gemauerte Steinbögen ersetzt. In der Antike besaß die Brücke außerdem *neun* Pfeiler; die beiden zur Stadtseite gelegenen Pfeiler stecken in der aufgeschütteten Uferzone. Von den übrigen sieben Pfeilern wurden zwei erneuert, nachdem die französischen Truppen sie 1674 gesprengt hatten. Die römischen Brückenpfeiler bestehen aus Gussmauerwerk, das mit Basaltlavaquadern verblendet wurde. Wie bei der Porta Nigra wurden auch hier die Steine ohne Mörtel vermauert und mit Eisenklammern und Blei verbunden.

Die heutige Römerbrücke aus der Mitte des 2. Jahrhunderts war bereits die dritte Moselbrücke, die von den Römern in Trier gebaut wurden.

Die erste Brücke datiert die Stadtgründung auf 17 vor Christus

Vor dieser Brücke stand in der Antike eine ältere Brücke, die man nicht mehr sieht, deren Konstruktion man jedoch im *Rheinischen Landesmuseum* an eindrucksvollen Modellen, Plänen und Funden studieren kann. Die Brückenreste stecken im Grund der Mosel.

Die dendrochronologische Datierung einer Scheibe Holz aus einem Gründungspfahl der Brücke ergab eine Sensation. Es gelang, das Fälldatum des Holzes festzustellen. Zur großen Überraschung der Archäologen wurde dadurch die erste Brücke früher als erwartet datiert, nämlich bereits auf das Jahr 18/17 vor Christus. Demnach wurden im Jahr 18 v. Chr. die ersten Stämme geschlagen, und im nächsten Jahr, 17 v. Chr., war die Brücke fertig. Wenn man davon ausgeht, dass die Römer diese Brücke bauten, weil sie hier ihre Stadt über der bestehenden gallischen Siedlung installieren wollten, ist mit dieser Jahreszahl das Gründungsjahr des römischen Trier verbunden. Wenn Trier also im Jahr 18/17 v. Chr. entstand, wovon man derzeit ausgeht, kann man Trier *Deutschlands älteste Stadt* nennen.

Es ist einleuchtend, dass der Brückenbau mit einem umfassenden Straßenbauprogramm zusammenhängt. Trier ist eine typische Stadtgründung, wie sie die Römer von England bis Nordafrika, von Spanien bis in die Türkei und Syrien gleichsam auf dem Reißbrett planten. Dafür vermaßen römische Ingenieure nach festen Proportionsgesetzen, die auf den griechischen Mathematiker Pythagoras zurück gehen, das eroberte Land, legten über die alten Wege ein rechtwinkliges Straßenraster und organisierten die städtische Wasserversorgung durch Kanäle und Aquädukte.

Europaweite Handelsbeziehungen

Die *Augusta Treverorum* entwickelte sich schnell zum Verkehrsknotenpunkt und wurde wohlhabend – was die Treverer im ersten Jahrhundert mehrmals motivierte, sich gegen ihre neuen Landesherren aufzulehnen. Der römische Kaiser Vespasian reagierte klug: Er baute die Hauptstadt der Treverer zum Wohle aller noch prächtiger aus. Hier, in der kaum zwei Generationen vorher eroberten Provinz, hatten sich schon vor den Römern wichtige Fernstraßen gekreuzt, die für den Handel ebenso unentbehrlich waren wie für die Truppenbewegungen der Römer und das für ein Reich dieser Größenordnung lebenswichtige Informationssystem: In Trier trafen sich Fernstraßen, die die europäischen Küsten der Nordsee und des Mittelmeeres verbanden, so etwa das Straßensystem, das von der heutigen französischen Südküste mit Marseille und Narbonne über Lyon und Trier nach Mainz und Köln führte und von dort über den Rhein die Nordsee erreichbar machte.

Durch die über Europa hinaus reichenden Handels- und Militärbeziehungen entwickelte sich Trier zu einem Schmelztiegel der Kulturen.

Porta Nigra, Simeonstift und St. Simeon

Die Porta Nigra ist das Wahrzeichen von Trier. 1986 wurde sie von der UNESCO in die *Liste des Welterbes* aufgenommen, und allein nur wegen der Porta Nigra zieht es Gäste aus Amerika und Asien nach Trier. Bis heute wird das Stadttor als symbolisches Tor zur Stadt wahrgenommen – wenngleich es längst mitten in der modernen Stadt liegt. Doch das Nachbargebäude, das seit fast tausend Jahren untrennbar mit dem berühmten Römertor verbunden ist, kennen viele nicht: das Simeonstift. Die Geschichte von Tor und Stift ist aufs engste miteinander verbunden, weil das Römertor im 11. Jahrhundert zur Kirche umgebaut wurde – und deshalb bis heute erhalten ist.

Das schwarze Tor am Cardo maximus

Als sie frisch gebaut war, sah die Porta Nigra hell aus, wie andere Römerbauten, vermutlich waren einige Bauteile sogar farbig hervorgehoben. Etwa seit 1040/45 nannte man das zur Kirche umgebaute Stadttor Porta Nigra, schwarzes Tor, oder einfach *die Porta*, das Tor. Der Name hat nichts mit der Farbe der Steine zu tun. Schwarz gilt als Farbe der Niederlage und der Trauer, und das *Schwarze Tor* dürfte Zeuge vieler trauriger Szenen gewesen sein: Besiegte Truppen kamen durch dieses Stadttor in ihre Stadt zurück. Wie das Tor zur Römerzeit hieß, kann man nur rückschließen, weil man Tore damals nach den Zielorten der Straßen benannte: Die Porta könnte demnach *Koblenzer* oder *Mainzer Tor* genannt worden sein.

Die einzige erhaltene Torburg der Mauer

Im Mittelalter brauchte niemand mehr ein altes römisches Stadttor dieser Größe. Doch im dritten nachchristlichen Jahrhundert bildete die Porta Nigra einen wichtigen Teil der Stadtmauer, die länger als 6,4 Kilometer war. Die Mauer um die *Augusta Treverorum* besaß mindestens 44 Rundtürme – davon wurden 18 Türme ergraben – und vier Torburgen, die nördlichste war

die Porta Nigra. Die überregional bis nach Koblenz und Mainz weiter führende Hauptstraße, der Cardo maximus, heute etwa dem Verlauf von Simeon- und Paulinstraße folgend, führte in der Antike durch die Porta Nigra hindurch. Wenn man an der Straßenkreuzung auf der ehemaligen Feldseite steht, erkennt man, dass der moderne Straßenverlauf außerhalb der Römermauer nicht durch die Porta hindurch führt, sondern wegen der Hotel- und Wohnbebauung leicht aus der Achse rückt.

Heute ist diese Doppeltoranlage – dank der Weiternutzung als Kirche – das einzige erhaltene römische Stadttor von Trier. Die anderen Stadttore fielen Stein- und Metallräubern zum Opfer: die *Porta Alba* (das weiße Tor) im Südosten der Stadt, die *Porta Media* (das Mitteltor) im Süden, die *Porta Inclyta* (das berühmte Tor) an der Römerbrücke (S. 16) und das Tor südlich des Amphitheaters (S. 28). Gleichwohl ist es nicht fair, von *Räubern* zu sprechen, denn sie taten nichts Unrechtes, sondern verhielten sich allenfalls ökonomisch. Jahrhundertelang war es üblich, das Baumaterial aus leer stehenden Gebäuden weiter zu verwenden. Und obwohl sogar die Eisenklammern der Steine und das Blei entwendet wurden, halten die sorgfältig und ohne Mörtel gemauerten Quader der Porta bis heute.

Die Porta ist größer als sie wirkt, entspricht jedoch dem römischen Standard. Aus 25 000 Kubikmetern Sandstein errichtet, misst sie 36 Meter in der Länge. Der Westturm ist heute noch fast 30 Meter hoch; ursprünglich waren beide Türme zur Stadt hin mit einem Giebel geschmückt, so dass sie bis zum Dachfirst fast 32 Meter maßen. Die Porta wurde ausschließlich aus neuwertigen Baustoffen – ohne zweitverwendete Steine – in weniger als sieben Jahren erbaut, irgendwann zwischen den Jahren 160 und 200 nach Christus.

Ein Stadttor, das nie fertig wurde

Eines fällt auf, wenn man die Oberflächen der Quadersteine betrachtet: Die Steine sind nur grob behauen, die Steinmetzen haben die Bossen nicht abgearbeitet. Die Porta Nigra ist ein unfertiges Stadttor.

Was war geschehen? Fehlte Zeit oder Geld, sind die Handwerker abkommandiert worden? Man weiß es nicht. Bis heute rätseln Historiker und Archäologen, warum die römischen Treverer – oder waren es die treverischen Römer? – ein so wichtiges Gebäude nie fertig bauten.

Ein Grund mag sein, dass Trier etwa um 196/197 n. Chr. von aufständischen Truppen belagert wurde, während man noch an der Stadtbefestigung baute. Eine andere Hypothese verweist auf eine Pestepidemie, die zwischen den Jahren 170 und 192 zu bürgerkriegsähnlichen Zuständen am Oberrhein und in den östlichen Reichsteilen geführt hatte. Der Archäologe Klaus-Peter Goethert weist darauf hin, dass die Pest massive Auswirkungen auf die Wirtschaftskraft der treverischen Region hatte: Ursache der Unruhen war die Tatsache, dass die westlichen Provinzen zu einer Finanzhilfe für die von der Pest betrofffenen Regionen in den anderen Reichsteilen herangezogen wurden. Diese Steuererhöhung hat den Treverern offenbar überhaupt nicht gefallen. Eindeutig belegbar sind diese Zusam-

Die Porta Nigra wurde im 2. Jahrhundert n. Chr. erbaut. Sie ist das besterhaltene römische Tor nördlich der Alpen. Im 11. Jahrhundert wurde sie zur Kirche umgebaut.

Stadtseitig schließt die Porta Nigra die Simeonstraße ab. Die der Stadt zugewandte Torseite war prächtig geschmückt, die Landseite wirkte wehrhafter.

Erhaltene Barockornamente erinnern an die Umgestaltung der romanischen Kirche ab 1746 unter Kurfürst Franz Georg von Schönborn.

menhänge zwischen den Unruhen im Imperium und der nicht fertig gewordenen Porta Nigra jedoch nicht.

Zwei massive, viergeschossige Türme prägen die feldseitige Ansicht und überragen den niedrigeren Mittelteil mit zwei Tordurchfahrten. In römischer Zeit sicherten eisenbewehrte Falltore die beiden Durchgänge. Hinter den Fenstern liegen die Wehrgänge, über die man von Turm zu Turm gehen kann. Am Westturm ist teilweise noch das originale römische, weit ausladende Abschlussgesims erhalten.

Die erste Freilegung eines Römerbaus

Es war Napoleon, der nach seinem Besuch in Trier im Oktober 1804 den *Rückbau* des ehrwürdigen Kirchengebäudes aus dem 11. Jahrhundert in ein römisches Stadttor aus dem 2. Jahrhundert anordnete. Alle nichtrömischen, das bedeutet, alle mittelalterlichen Kirchenteile, sollten abgerissen werden, damit statt der Doppelkirche wieder das römische Stadttor zu sehen ist. Zwei Jahre zuvor hatte die französische Besatzung das Simeonstift aufgelöst, nachdem Gottesdienste in St. Simeon bereits seit ihrem Einmarsch im August 1794 verboten waren.

Was fand der französische Kaiser an einem römischen Stadttor so interessant, dass er es aus der Stiftsanlage wieder herauspräparieren ließ? Napoleon verhielt sich wie andere imperiale Herrscher seiner Zeit: Er brauchte politische Zeichen im Stadtbild, zumal in seinen besetzten Gebieten. Die Römerzeit sah er als glanzvolle Epoche, die seinem eigenen, gleichermaßen auf ganz Europa gerichteten Herrschaftsanspruch vorangegangen war; die römischen Kaiser galten ihm darin als Vorbilder. Napoleon setzte sich selbst Denkmale, indem er sich um die Erhaltung, oder genauer gesagt, um die Wiederherstellung römischer Großbauten verdient machte.

Der romanische Chor, der heute noch die Porta Nigra im Osten abschließt, wurde nur deshalb nicht ab-

Die einstige Landseite der Doppeltoranlage. Das Erdgeschoss – und damit auch der freigelegte Durchgang – lag bis zur Auflösung des Simeonstifts unter der Erde.

Der Trierer Erzbischof Poppo ließ die Porta um 1042 zu einer Doppelkirche umbauen. Das Patrozinium der Stiftskirche erinnert an seinen Vertrauten, den heiligen Simeon, der bis zu seinem Tod am 1. Juni 1035 in einer Klause im Erdgeschoss des Ostturmes gelebt hatte.

An Poppos Doppelkirche des 11. Jahrhunderts wurde hundert Jahre später unter Erzbischof Albero von Montreuil (1132–1152) im Osten eine Apsis angebaut. Die Kirche wurde seit 1805 abgetragen. Die Mauern des Chores aus dem 12. Jahrhundert aber prägen bis heute die Ostansicht der Porta Nigra.

getragen, weil sich die europäischen Herrschaftsverhältnisse erneut gewandelt hatten: Napoleon wurde besiegt, die Rheinlande einschließlich Trier im Jahr 1815 Preußen zugesprochen. Mit Napoleon hatten die preußischen Landesherren eines gemeinsam: Sie verehrten die Römer aus ähnlichen Motiven heraus und stilisierten sie als Vorbilder; ganz besonders knüpfte man an die Person des Kaisers Konstantin an, der als erster römischer Kaiser ausdrücklich den Bau von christlichen Kirchen gefördert hatte. Die preußische Regierung setzte daher seit 1815 Napoleons Freilegungsarbeiten der Porta fort, beschloss jedoch 1819 – mit denkmalpflegerischen Argumenten – die romanische Kirchenapsis im Osten nicht abzutragen, sondern trotz des Rückbaus zum Stadttor zu erhalten.

Durch die Bewunderung der Römer seit dem frühen 19. Jahrhundert wandelte sich das kurfürstlich geprägte, bis dahin überwiegend barocke Stadtbild Triers zu dem, was man seitdem mit Trier verbindet: zur *Römerstadt*. Die Porta Nigra bildete den Auftakt der Freilegungen. Ohne diese Entwicklung im 19. Jahrhundert, die überdies im Preußischen Staat zum ersten Mal eine institutionalisierte Denkmalpflege hervorbrachte, würde man heute in Trier wahrscheinlich keine Römerbauten mehr sehen können. Zu den Maßnahmen der Freilegung, Umgestaltung und Restaurierung zählen neben der Porta vor allem die Basilika (S. 44), die Kaiserthermen (S. 38) und die Barbarathermen (S. 34).

Der Sizilianer Simeon lebt in der Porta

Letztlich verdankt die Porta Nigra ihr Überleben einer außergewöhnlichen Persönlichkeit namens Simeon, einem Mönch, der hier im 11. Jahrhundert für einige Jahre gelebt hatte und enge Verbindungen mit dem Erzbischof, damals Poppo von Babenberg (1016–1047), pflegte. Poppo ist der Erzbischof, dem auch der Westteil des Domes (S. 62) zu verdanken ist. Simeon wurde um 990 in Syrakus auf Sizilien als Sohn eines oströmi-

Im Frühjahr 2007 wurde das sanierte, neu konzipierte Stadtmuseum im ehemaligen Simeonstift wiedereröffnet. Vom Kreuzgang – heute Museum, Restaurant und Café – erkennt man an der Westseite der Porta die Dachansätze des früheren Klostergebäudes, das höher war als der heutige Nordflügel des Kreuzgangs.

Das Besondere an diesem romanischen Kreuzgang: Sein Obergeschoss – und nicht wie üblich der ebenerdige Weg – führte in die frühere Stiftskirche St. Simeon, die unter Napoleon geschlossen und zerstört wurde.

Doch nur durch die jahrhundertelange Nutzung als Kloster hatte das römische Stadttor als Gebäude die Zeiten überdauert. Das Simeonstift war nach dem Dom und dem Paulinusstift das drittwichtigste Stift im Erzbistum Trier. Später sollte es sich zu einem Zentrum humanistischer Gelehrter entwickeln.

schen Militärangehörigen geboren, sein Vater sprach Griechisch; seine Mutter kam wohl aus Kalabrien und sprach Latein. Seit dem 9. Jahrhundert wurde Sizilien von den Arabern beherrscht, so dass Simeon in einer mehrsprachigen Kultur aufwuchs.

Wahrscheinlich waren seine Eltern relativ wohlhabend, denn immerhin ermöglichten sie ihrem Sohn ein Studium im entfernten Konstantinopel. Später lebte Simeon in Jerusalem – wo er durch seine Sprachkenntnisse als Pilgerführer tätig war – und im Sinai. Zeitweise war er Mönch im dortigen St. Katharinenkloster, zeitweise suchte er, wie viele seiner Zeitgenossen, die Einsamkeit der Wüste.

Simeon hatte bereits einige abenteuerliche Reisen hinter sich gebracht, als er mit etwa 37 Jahren im Jahr 1028 als Gesandter des Katharinenklosters über viele Umwege nach Trier kam. Vor langen Reisen schreckte Simeon offenbar nicht zurück: Wenige Monate nach seiner Ankunft in Trier brach er gemeinsam mit dem Erzbischof Poppo den Rückweg an. Fast zwei Jahre dauerte die Pilgerreise ins *heilige Land*, und im Jahr 1030 kehrten beide nach Trier zurück.

Am 30. November des gleichen Jahres ließ sich der Mönch in der Porta einschließen und verbrachte dort die letzten viereinhalb Jahre seines Lebens freiwillig als Inkluse. Simeon bestimmte auch den Platz, an dem er in der Porta begraben werden wollte – was für die spätere Reliquienauffindung wichtig ist. Mit der Wahl des Ortes in einem römischen Stadttor verbindet Simeon zwei bekannte Arten von Eremitentum: die asketische Lebensweise als Säulenheiliger und die als Höhleneremit. Simeon ließ sich durch ein Körbchen, das man zu ihm herab lassen konnte, mit Wasser und Lebensmitteln versorgen. Schon zu Lebzeiten wurde er von vielen Menschen verehrt, die zu ihm an die Porta kamen, um durch eine kleine Öffnung mit ihm Kontakt aufzunehmen und seinen weisen Rat zu erfragen; deshalb war es zu erwarten, dass gleich nach seinem Tod am 1. Juni 1035 die Christen auch noch zu seinem Grab pilgern wollten.

Simeon bedeutete dem Erzbischof viel, war er doch auf den langen Reisen zu einem geistlichen Lehrer und Freund Poppos geworden, der den gebildeten Theologen und Philosophen, der wohl fünf Sprachen – darunter Griechisch, Arabisch und Latein – sprach, außerordentlich schätzte. Als Simeon 1035 starb, ließ ihn der Erzbischof in der Porta bestatten und erwirkte noch im selben Jahr beim Papst dessen Heiligsprechung. Als immer mehr Menschen kamen, beschloss Poppo, das römische Stadttor zur Kirche umzubauen. Zur geistlichen Versorgung der Pilgerstätte richtete er das Kanonikerstift St. Simeon ein.

Spätestens seit dem Jahr 1042 war die Porta in Poppos Auftrag als Doppelkirche in Arbeit – zur gleichen Zeit wie Poppos Domumbau (S. 62). Beide Stifte, gleichermaßen von ihm finanziell abgesichert, hängen daher geschichtlich und stilistisch eng miteinander zusammen. Auch das Simeonstift sollte in den nächsten Jahrhunderten zu einem berühmten, überregional ausstrahlenden geistigen Zentrum aufsteigen.

Das Erdgeschoss der Torburg, durch das man heute, seit dem unter Napoleon begonnenen Rückbau hindurch gehen kann, wurde für Poppos Kirchengebäude zugeschüttet. Im ersten Obergeschoss lag die Pfarrkirche, darüber die Stiftskirche. Durch den nach 1646 entstandenen, oft reproduzierten Kupferstich von Caspar Merian wurde dieser Zustand überliefert: Eine breite Treppe führte viele Jahre von der Simeonstraße hinauf ins erste Geschoss.

Das Städtische Museum im Simeonstift

Dadurch, dass die Stiftskirche über der Pfarrkirche lag, die Kleriker aber auf direktem Wege – vor allem nachts von ihrem Schlafsaal, dem Dormitorium – in ihre Klosterkirche gelangen sollten, musste man hier auch für den Kreuzgang eine spezielle Lösung finden:

Die Pfarrkirche St. Simeon liegt in Trier-West. Mit dem Bus ist sie direkt von der Porta Nigra erreichbar (Bushaltestelle Tempelweg), gehört normalerweise jedoch nicht zu den Zielen der meisten Triergäste. Dabei birgt die Krypta der 1971 eingeweihten katholischen Kirche ein religiöses Kleinod: Die Gebeine und die Reliquien des heiligen Simeon, der im Jahr 1035 in der Porta Nigra starb.

Zu den Reliquien gehören ein Schuh und ein Teil des Bußgewandes von Simeon. Sie sind heute in dem 1979 restaurierten, neugotischen Hängeschrein aus St. Gervasius zu sehen. Die Gebeine ruhen in dem Sarkophag unter der Liegefigur, die Th. Amlinger im Zuge der Barockisierung der ersten Simeonkirche bis 1750 geschaffen hatte. Der Kopf der Figur wurde nach dem Krieg gestohlen und ist verschollen; er wurde 1984 nach Fotografien kopiert. Am Hinterhaupt sitzt die *Ronig-Biene.*

Die Liegefigur stellt den Heiligen dar, der ein geöffnetes Buch hält. Dieses Grabmal mit den Gebeinen Simeons wurde bei der Säkularisation 1803 in die Kirche St. Gervasius überführt, 1965 aus den Trümmern der Kirche geborgen, zunächst in der Nachtigallenkurie (*Geel Box*) aufgestellt, und schließlich 1971 in die Krypta der neuen Pfarrkirche St. Simeon am Reichertsberg gebracht. Durch Inschriften auf Bleitäfelchen ist der Weg dieser Reliquien seit 1035 lückenlos belegt.

Während Kreuzgänge normalerweise ebenerdig mit dem Kirchenchor verbunden sind, befindet sich hier der Weg zur Kirche im Obergeschoss – dort, wo die Säulenarkade erkennbar ist. Der Kreuzgang umgibt heute wieder alle vier Seiten des Hofes, nachdem der zerstörte Westflügel 1936 rekonstruiert wurde, und dürfte einer der ältesten *erhaltenen* Kreuzgänge von Europa sein.

Heute beherbergt das ehemalige Simeonstift das unbedingt empfehlenswerte *Städtische Museum* und die *Tourist-Information Trier*. Der Baukomplex wurde bis Frühjahr 2007 umfassend saniert und im Westen des Kreuzgangs um einen Museumsanbau erweitert. Das Stadtmuseum ist ein beliebter, im Zentrum Triers gelegener Treffpunkt, dessen Innenhof im Sommer zu Konzerten und anderen Veranstaltungen lockt. Die Museumsräume erstrecken sich rund um den Kreuzgang, so dass ein Museumsbesuch zugleich die romanische Architektur erlebbar macht. Heute haben im Kreuzgang die barocken Originale der Tietz-Skulpturen für das Kurfürstliche Palais und den Palastgarten (S. 52) einen würdigen und sicheren Standort gefunden. Außerdem bewahrt das Museum weitere Originale von vielen öffentlich im Stadtbild zu sehenden Skulpturen auf. Dazu zählen beispielsweise das Marktkreuz, die Figuren der Steipe (S. 94) und des Marktbrunnens (S. 90). Zu den beliebten Exponaten des Museums gehört außerdem ein großes Stadtmodell aus Holz, das den Zustand Triers um das Jahr 1800 anschaulicher als manche Computersimulation vermitteln kann.

Der Weg des vielgereisten Sizilianers Simeon war mit seinem Tod im Jahr 1035 in der Porta noch nicht zu Ende. Zwei Trierer Simeonkirchen verdanken ihm ihr Patrozinium; die Porta wurde zu seiner ersten Grabeskirche, und nach einigen Irrwegen in Trier ruht er seit 1971 wieder in einer nach ihm benannten, neu gebauten Pfarrkirche St. Simeon – so führt der Weg von der römischen Porta nach Trier-West.

Amphitheater

Nein, man ist hier nicht in Süditalien, in Griechenland oder in der Türkei, sondern in Deutschland – in Trier. Die Lieblichkeit der Mosellandschaft, die Weinberge, die Lage der Stadt unten im Tal, dahinter in der Ferne eine Hügelkette: Wenn man an einem warmen Frühlings- oder Sommertag über die steil abfallenden Wiesen des Amphitheaters läuft, kommen Erinnerungen an südliche Länder, die in der Antike wie Trier zum Römischen Reich gehört hatten.

Angesichts der einst reich ausgestatteten Thermen und des Amphitheaters kann man sich gut vorstellen, warum es im 2. Jahrhundert selbst für Römer interessant gewesen sein könnte, im rauhen Nordwesten Europas zu leben – abgesehen davon, dass das Trierer Klima besonders mild ist und hier sogar der für Römer so wichtige Wein prächtig gedeiht. Die Römer haben sich in ihren Provinzen und in ihren neu gegründeten Städten möglichst so eingerichtet wie sie es von Rom kannten. Wie in keiner anderen Stadt nördlich der Alpen verbirgt sich in Trier unter den modernen Häusern ein einzigartiges archäologisches Erbe im Boden, eine antike Residenzstadt.

Und dennoch sollte man nicht vergessen, dass *die Römer* nicht für sich allein gebaut haben, und schon gar nicht ohne die Hilfe der Einheimischen; Stadtgründungen nach bewährtem Raster gehörten zum Konzept römischer Kolonialpolitik, und zwar in allen Reichsteilen, von Britannien bis Nordafrika.

Trierer oder Treverer sind gallische Römer

Es verzerrt daher die Vorstellung vom antiken Trier, wenn man die Großbauten, die man im 21. Jahrhundert besichtigen kann, *Römerbauten* nennt, denn in Trier lebten nur zu einem geringen Teil italische *Römer* aus dem südlichen Europa. Die Mehrzahl der Stadtbewohner waren einheimische *Römerinnen und Römer*, eben römische Trierer, oder wie sie damals hießen, *Treverer*. Die Menschen, die im antiken Trier arbeiteten, in den Thermen badeten und zu Sportveranstaltungen gingen, waren Treverer, also Gallier oder Kelten.

Ihre offizielle gemeinsame Verwaltungssprache war das Lateinische. Wie das treverische Latein im Alltag geklungen haben mag, ist nicht überliefert, doch eine Stadt, deren Bewohner nach mehreren Generationen

Das Amphitheater ist auf die Stadt bezogen und wurde später in den Verlauf der römischen Stadtmauer eingebunden. Die Bilder zeigen die beiden sich gegenüber liegenden Zugänge, die in der Antike aufwendig als Torbauten gestaltet waren. Die Entfernung von Torbau zu Torbau beträgt 148 Meter, das entspricht 500 römischen Fuß.

familiärer Vermischung mehrsprachig aufwachsen, ist im römischen Weltreich völlig normal. Immerhin war die Eroberung Galliens durch Gaius Iulius Caesar im Jahr 57 v. Chr. mehr als zwei Jahrhunderte her, als die Treverer fanden, dass ihnen – wie anderen, reichspolitisch weniger bedeutenden gallischen Städten im römischen Imperium – ein Amphitheater zustand.

Die Provinzhauptstadt wird begünstigt

Das große Vorbild war für die hier lebenden gallischen Römer die Hauptstadt des Reiches, Rom, mit einer über Jahrhunderte entwickelten, höchst kultivierten Bäder- und Veranstaltungskultur. Das soziale Leben eines Römers spielte sich im öffentlichen Raum ab, auf Plätzen, in Thermen, im Circus, in Tempelbezirken und im Amphitheater – das soziale Leben einer Römerin hingegen überwiegend zu Hause, im *Domus*.

Das Amphitheater zählt neben der Römerbrücke (S. 16) und der Porta Nigra (S. 20) zu den ältesten noch sichtbaren öffentlichen Großbauten in Trier. Es entstand in der zweiten Hälfte des 2. Jahrhunderts ganz in der Nähe des *Tempelbezirks im Altbachtal* (S. 42). Als das Amphitheater gebaut wurde, ging Trier längst der Ruf als reiche Stadt voraus – weshalb sie für andere interessant war und mehrfach angegriffen wurde – und dennoch, oder vielleicht genau deshalb, bauten die Stadtväter sie damals mit großem finanziellen Aufwand weiter aus. Der römische Geograf und Schriftsteller Pomponius Mela hatte Trier bereits um das Jahr 44 n. Chr. eine *urbs opulentissima* genannt, eine *sehr wohlhabende Stadt*.

Die Stadt muss wirtschaftlich im Vergleich mit anderen gallischen Städten bestens funktioniert haben. Wohl unter Kaiser Hadrian (117–138) – man kann es nur aufgrund der umfangreichen Baumaßnahmen rückschließen – stieg die Stadt zum Sitz des *Legatus Augusti pro praetore* auf, also des Provinzverwalters der Provinz *Gallia Belgica*. Nun wurde ein Regierungs-

viertel geplant, die Kanalisation ausgebaut, die wichtigsten Straßen durch begleitende Arkadengänge wetterunabhängig gemacht. Die nachfolgenden Kaiser sorgten für eine Stadtmauer, die mit einer Länge von mehr als 6,4 Kilometern einen Stadtkern von 285 Hektar umschloss.

Stadttore gelten zwar verteidigungstechnisch als empfindliche Stellen, doch bei der römischen Stadtmauer setzte man mehr auf Abschreckung, weniger auf Verteidigung. Wie später beim Burgenbau war es grundsätzlich sinnvoller, den potentiellen Feind durch Attribute der Macht und der militärischen Überlegenheit abzuschrecken als sich mit ihm zu bekriegen. Entsprechend eindrucksvoll gestalteten die Römer ihre Stadttore, wie noch an der Porta Nigra (S. 20) abzulesen ist. Stadttore sind eher repräsentative Visitenkarten einer Stadt als reine Militärbauten. Eines der Stadttore Triers lag hier, südlich des Amphitheaters, während der südliche Zugang der Arena selbst als Nebentor diente. Von dem Stadttor neben dem Amphitheater ist oberirdisch nichts mehr zu sehen, es wurde jedoch archäologisch dokumentiert.

Etwa 250 Jahre lang, bis um die Mitte des 3. Jahrhunderts, erlebte das Römische Reich – und damit auch die Stadt Trier – den Erfolg seiner imperialen, auf Integration spezialisierten Politik, so dass die Stadt in diesen Jahren ausgebaut werden konnte. Das wenigste davon ist ergraben, weil das antike Trier – anders etwa als das begehbare Pompeii – von der modernen Stadt überbaut ist. Nur an einigen Stellen blickt man in die Antike hinein oder kann sich sogar in den Resten der antiken Bauten bewegen. Zum Beispiel hier, im Amphitheater.

Ein antikes Veranstaltungszentrum

Das Amphitheater liegt am südöstlichen Stadtrand und war Teil der Ausbaupläne, die Mitte des 2. Jahrhunderts für Trier als Provinzhauptstadt gefasst wur-

Der Arenakeller steht meist leicht im Wasser. Von hier verläuft ein römischer Kanal in den etwa 150 Meter entfernten Olewiger Bach.

Heute führen zwei moderne Treppen in den Arenakeller. Der Anstieg der Ränge war im 2. Jahrhundert viel steiler als heute, wo er durch die Wiese angedeutet ist.

den: Damals baute man die riesigen *Barbarathermen* (S. 34), den *Circus* in der Nähe des Amphitheaters und ein großes Gebäude, dessen ursprüngliche Bestimmung man nicht kennt und das heute unter dem Namen *Thermen am Viehmarkt* (S. 36) bekannt ist.

Der Begriff Amphitheater kommt aus der griechischen Kultur. In einem Theater richten sich halbkreisförmige Ränge auf die Bühne aus – beim Amphitheater umkreisen ringförmige Ränge eine elliptische Arena. Im benachbarten Stadion fanden Rennen statt, im Amphitheater Spiele und Feste aller Art. Doch wer dabei nur an blutrünstige Gladiatorenkämpfe oder gar Christenverfolgungen denkt, liegt falsch, auch wenn die Nutzungsgeschichte des Amphitheaters im Dunkeln liegt. Immerhin wurde die prachtvolle Arena mehrere Jahrhunderte genutzt. Wie soll man über Generationen hinweg *eine* Funktion feststellen? Veranstaltungen hängen immer vom Geschmack, der Konjunktur, Mode, Gesetzeslage, vom Wetter und den religiösen Vorstellungen ab. Tödlich ausgehende Kämpfe waren hier wohl nicht die Regel, sie gehören in die Phantasiewelt von Actionfilmen. Im Trierer Amphitheater werden überwiegend religiöse Feiern mit Spielen und Versammlungen stattgefunden haben. Wahrscheinlich haben hier die Trierer auch Schutz gesucht, als Germanen ihre Stadt im 5. Jahrhundert überfielen.

Grundsätzlich war das Amphitheater ein öffentlicher Multifunktionsraum mit hervorragender Akustik und bester Sicht auf die Handlung in der tiefer gelegenen Arena. Wie bei anderen Amphitheatern befinden sich die Nebenräume unter der Arena. Von der Arena kann man heute über zwei *moderne* Treppenabgänge in den Arenakeller gelangen. Wo damals die Zugänge lagen, weiß man nicht. Da das Gebäude mehrere hundert Jahre benutzt wurde, hat man auch den Arenakeller mehrmals erweitert. Auch die Zahl der Zuschauerplätze kann man nur schätzen, weil man nicht weiß, wie viele Ränge es gab und wie steil die Reihen gebaut waren. Man geht von einer Platzzahl zwischen 16 000 und 20 000 aus.

Was man heute sieht, ist nicht das vollständige Gebäude. Man muss sich das Amphitheater – hinter dem ein mindestens so hoher Anspruch stand wie bei Theaterbauten moderner Städte, an deren Gestaltung die Öffentlichkeit heute regen Anteil nimmt – reich gegliedert und ausgesprochen sorgfältig gebaut und dekoriert vorstellen. Ein Amphitheater ist ein kommunaler Ort, in dem sich der kulturelle Anspruch einer Stadt spiegelt, und der ist in einer kaiserlichen Residenzstadt in einem Weltreich keineswegs bescheiden.

Hier wurde an nichts gespart, weder am Baumaterial Kalkstein, mit dem die zweischaligen Mauern errichtet wurden, noch an der handwerklichen Qualität der sorgfältig gesetzten, teilweise mehrere Meter messenden Quadersteine. Viele Bauteile waren bemalt und die Steinfugen mit einem roten Fugenstrich betont. Wo die angedeuteten Ränge heutzutage oben als Wiesenfläche mit Parkbänken abschließen, erhob sich im 2. Jahrhundert eine etwa vier Meter hohe Mauer, die von 13 Türmen bekrönt und mit Sicherheit reich verziert war.

Das antike Trier besaß ein raffiniertes Wasserversorgungssystem, das Wasser von der Ruwer in die Stadt leitete. Dieses Stück Kanal fand man bei Bauarbeiten für ein Wohnhaus unterhalb des Amphitheaters. Im dortigen Keller ist es heute gut geschützt.

Große Erdbewegungen waren nötig, um das Amphitheater zu bauen: Die Zuschauerränge wurden aufgeschüttet und von außen mit meterhohen Stützmauern gesichert. An dieser Stelle endet das ummauerte antike Stadtgebiet, und hinter dem Amphitheater steigen die weinbewachsenen Hänge des Petrisberges an.

Die Hänge wurden von Hand aufgeschüttet

Jahrhundertelang lag das Amphitheater ebenso wie andere römische Gebäude in Trier unter den Kulturschichten der nachfolgenden Jahrhunderte verborgen. Nachdem man es im 13. Jahrhundert als Steinbruch nutzen durfte, wuchsen die ehemaligen Zuschauerränge allmählich zu. Schließlich kultivierte man die so entstandenen Hänge als *Wingert* und setzte Weinstöcke.

Das zugewachsene Amphitheater fügte sich jahrhundertelang in das Landschaftsbild ein und sah lange fast so aus wie die benachbarten, auf natürliche Weise entstandenen Weinberge. Wegen dieser hügeligen Topografie könnte man annehmen, dass das Amphitheater in eine natürliche Bergsenke hinein gebaut wurde. Doch der Schein trügt. Bereits der Direktor des Provinzialmuseums, Felix Hettner, konnte im Jahr 1892 als eine seiner Grabungserkenntnisse feststellen, dass mehr als 80 Prozent dieser Hänge das Ergebnis mühsamer Handarbeit waren: Natürlich nutzte man den Geländeanstieg für die Architektur, doch der gesamte stadtseitige Hügel des Amphitheaters wurde von Menschenhand aufgeschüttet. Nur der geringste Teil des bergseitigen Hügels lehnt sich an einen Ausläufer des Petrisberges an. Den römischen Trierern war kein Aufwand zu groß, wenn sie eine Architekturidee verwirklichen wollten. Das Ergebnis ist ein grandioser Raum, der selbst als Ruine noch beeindruckt.

Seit 1816 wurde das Amphitheater in mehreren Kampagnen freigelegt und in den Jahren 1854 und 1891/92 ergraben. Der Arenakeller wurde 1908 unter Emil Krüger freigeschaufelt und archäologisch untersucht. Die Funde aus dem Keller werden im *Rheinischen Landesmuseum Trier* bewahrt. Dazu zählen eine Wasserpumpe, eine Elfenbeinbüchse und einige Täfelchen mit Inschriften, oft mit Flüchen. Zuletzt fanden 1999 kleinere Nachforschungen im Amphitheater statt. Damit dürften die im Boden steckenden Geheimnisse dieses Veranstaltungspalastes weitgehend gelüftet sein.

Barbarathermen

Heute mögen die ergrabenen Mauern der Barbarathermen unspektakulär wirken – doch im 2. Jahrhundert stand hier ein Bäderpalast von atemberaubenden Dimensionen. Diese Thermen waren zur Entstehungszeit die zweitgrößten im römischen Imperium, nur die einige Jahrzehnte älteren Traiansthermen in Rom waren noch größer. Die Barbarathermen erhielten ihren Namen von dem mittelalterlichen Fischerdorf, das hier lag, und dessen Pfarrkirche St. Barbara hieß.

Um die Barbarathermen zu bauen, musste man zwei Wohnblocks abtragen. Einschließlich der dazu gehörigen Parks und Sportplätze erstreckten sich die Thermen auf einer Fläche von 172 Metern mal 240 Metern. Selbst der Badetrakt war 172 Meter lang und 96 Meter breit. Die Generationen später erbaute kaiserliche Aula Palatina, heute *Basilika* (S. 44), ist kaum größer als der Hauptraum dieser Thermen. Die Barbarathermen waren größer als die etwa 150 Jahre jüngeren Kaiserthermen (S. 38), die nie vollendet wurden. Im Unterschied dazu wurden die Barbarathermen zügig fertig gebaut, danach kaum verändert, und dienten mehrere Jahrhunderte, bis ins 5. Jahrhundert, dem Badebetrieb. Während man die Kaiserthermen im 19. Jahrhundert teilweise wieder rekonstruierte, hatten die hohen Mauerreste der Barbarathermen noch bis vor vier Jahrhunderten, bis ins frühe 17. Jahrhundert, gestanden.

Im Mittelalter wurden zwei Kirchen in den Thermen errichtet. Erst als die Jesuiten die Thermenruinen 1611 als Steinbruch erwarben, weil sie Baumaterial für ihr neues Kolleg (S. 123) brauchten, verschwanden die beeindruckenden, auf Bildern überlieferten Barbarathermen. Was die Jesuiten übrig gelassen hatten, zerstörten die französischen Soldaten im Spanischen Erbfolgekrieg im Jahr 1673.

Eine Wellness-Anlage wie ein Palast

Heute sind von den Barbarathermen nur die Gänge in den Kellern und Teile des Erdgeschosses erhalten. Dennoch: Durch die Grabungen kam die Raumaufteilung zutage, so dass man weiß, wie diese luxuriöse Badeanlage aussah. Die Thermen wurden, wie das Amphitheater, zweischalig gemauert und mit Kalksteinen und mehrfarbigem Marmor verkleidet.

Offenbar schwammen die Treverer gerne in warmem Wasser, denn die Barbarathermen besitzen zu beiden Seiten des Caldariums je ein 21 Meter langes und elf Meter breites, beheizbares Schwimmbecken – eine Weltneuheit, die keine Nachahmung fand, wie Klaus-Peter Goethert feststellt. Auch wärmedämmende Doppelglasfenster waren verbreitet, und Fußboden- und Wandheizungen waren für Römer eine Selbstverständlichkeit.

Eine Thermenanlage wie diese war so aufwendig, dass ihre Kosten sicher nicht von der Stadt Trier allein aufgebracht werden konnten. Goethert geht davon aus, dass die Barbarathermen nur als staatlich finanziertes Projekt erklärbar sind. Wenn sich eine Stadt wie Trier ein derartiges Großprojekt erlaubt, kann man voraussetzen, dass sie mittlerweise zu einer Residenz eines Vertreters der kaiserlichen Verwaltung aufgestiegen war. Goethert und andere Historiker nehmen an, dass dies unter Kaiser Hadrian in der ersten Hälfte des 2. Jahrhunderts geschehen war: Damals wurde Trier offenbar zum Sitz des Provinzialverwalters erhoben.

Ein Badepalast mit politischer Botschaft

Damit kommt dieser ersten großen Thermenanlage in Trier eine hohe politische Bedeutung zu. Das Projekt Barbarathermen dürfte zu den städtebaulichen Ausbauplänen der Provinzhauptstadt gehört haben, die in der zweiten Hälfte des 2. Jahrhunderts unter den Nachfolgern von Kaiser Hadrian, unter Antoninus Pius und Marc Aurel umgesetzt wurden. In diesem Zuge waren nicht nur dieser Thermenpalast, sondern weitere ehrgeizige Großprojekte entstanden, zu denen die 6,4 Kilometer lange Stadtmauer, das Amphitheater und die in unmittelbarer Nähe der Thermen gelegene neue Moselbrücke (S. 16) gehörten. Betrachtet man diese kostspieligen öffentlichen Statusgebäude, die innerhalb weniger Generationen im 2. Jahrhundert entstanden, in ihrer Gesamtheit, erscheint das damalige Trier als Stadt mit Großbaustellen an allen Ecken.

Allein das Management der Materialmengen war eine logistische Leistung für sich. Mit Sicherheit wurden Architekten, Ingenieure und Künstler aus dem ganzen Imperium gebraucht, deren Namen leider nicht überliefert sind. Die Baumeister der Barbarathermen kannten bestens die nordafrikanischen Thermen, wie man sie aus Libyen kennt. Bildhauer meißelten Statuen nach den Vorbildern berühmter griechischer Skulpturen – Trier war im zweiten nachchristlichen Jahrhundert eine imperiale, moderne Großstadt.

Blick von Südwesten auf die ergrabenen Mauern der Barbarathermen. Die Erforschung der Ruinen hatte 1822 mit einer Sondage begonnen. 1845 konnte der Trierer Architekt Christian Wilhelm Schmidt den Preußischen König Friedrich Wilhelm IV. für die Basilika (S. 44) ebenso wie für die Barbarathermen begeistern. Der König erkannte die suggestiven Möglichkeiten, wie mit den imperialen Römerbauten Politik in seiner jungen Rheinprovinz zu machen war.

Deshalb förderte Friedrich Wilhelm IV. die Erforschung und Bewahrung der römischen Ruinen. Er erwarb das Gelände der Barbarathermen und ließ Schmidt mit Ausgrabungen beginnen. Als 1877 das *Provinzialmuseum* (der Vorgänger des *Rheinischen Landesmuseums Trier*) gegründet wurde, setzte dessen Leiter Felix Hettner die Forschungen hier ebenso fort wie im Amphitheater (S. 28).

Das Moselufer liegt von hier nur wenige Schritte entfernt. Die Barbarathermen wurden etwa zeitgleich wie die dritte Römerbrücke (S. 16) geplant, um die Mitte des 2. Jahrhunderts. Die Finanzierung der Barbarathermen wurde offenbar von staatlicher Seite gesichert, so dass sie zügig gebaut und gut ausgestattet wurden. Sie dienten den Treverern generationenlang als luxuriöse Bade-, Sport- und Erholungsanlagen, die an Größe und Pracht mit den Thermen in Rom konkurrieren konnten.

Thermen am Viehmarkt

Die Thermen am Viehmarkt fallen im Trierer Stadtbild durch ein markantes Glasgebäude auf dem großen freien Platz auf. Sein Architekt bezeichnete es selbst als *Vitrine*. Ein Schaukasten also, den die Besucher betreten, um in die Geschichte tief unter dem modernen Marktplatz hinab zu steigen. Vor allem suchen sie dort Thermen, die Thermen am Viehmarkt.

Unter Trier liegt ein riesiges Flächenpuzzle

Was man dort unten findet, gleicht einem begehbaren Rätsel. Um in Trier ganz selbstverständlich Räume zu betreten, die man als römische Thermen, als Stadttor, als kaiserlichen Saal oder als Amphitheater identifizieren kann, muss vorher sehr viel geschehen sein. Vor allem muss man Häuser, Kirchen, Paläste, Weinberge und viel Erde abtragen, eben alle Schichten, die *nach*römisch sind, und das sind die meisten. So geschehen seit dem 19. Jahrhundert mit den Barbarathermen, den Kaiserthermen, der Porta Nigra, der Basilika, dem Amphitheater. Was man am Viehmarkt sieht, ist ein Zwischenzustand, eine Interpretation und eine Inszenierung: das komplizierte Konglomerat der vielen Kulturschichten, die seit tausenden Jahren – hier fand man *unter den Römern* 3000 Jahre alte Gräber – am gleichen Ort *über-* und *in*einander gepresst sind. Denn jede Generation nutzt Gebäude weiter, baut an, modernisiert, reißt ab, baut Neues auf alte Fundamente, bricht neue Türen und Fenster ein. Das Meiste, das hier stand, ist lange schon abgetragen, auch das Kapuzinerkloster mit Kirche und Garten, auch das vor der Klosterzeit hier stehende Judenviertel mit Friedhof, auch die römische Straßenkreuzung, auch die Insula, der große römische Wohnblock für Familien, der neuen Prachtgebäuden weichen musste.

Es gibt Befunde, die sich trotz moderner technischer Methoden einfach hartnäckig allen Erklärungen entziehen. Dazu gehört das große öffentliche Gebäude aus dem zweiten nachchristlichen Jahrhundert, von

Die gläserne *Vitrine* des Architekten Oswald Matthias Ungers will mehr als nur schützen: Sie interpretiert Archäologie für den Betrachter, macht Befunde zum Anschauungsgegenstand.

Das dreidimensionale Puzzle veranschaulicht die Kompliziertheit von Archäologie, die es mit dem Ineinandergreifen vieler Zeitschichten und Befunde zu tun hat.

dem man nicht sagen kann, wozu es diente, und warum es um die Mitte des 4. Jahrhunderts zu Thermen umgebaut wurde. Entstanden war es in einer Zeit des *Baubooms*, als die junge Provinzhauptstadt mit aufwendigen, teuren Luxusgebäuden bereichert wurde; dazu zählen das Amphitheater, die riesigen Barbarathermen, eine neue Brücke und die mehr als sechs Kilometer lange Stadtmauer mit den Torburgen. In den ausführlich beschrifteten Grabungen am Viehmarkt kann man sehen, wie große Räume und Höfe, über deren Nutzung man nichts weiß, zur Therme umgebaut wurden. Man sieht Wasserbecken, eine runde Badewanne, Abwasserkanäle, Hypokaustenheizungen und etliche bautechnische Details.

Barbara-, Kaiser- und Viehmarktthermen

Betrachtet man alle drei in Trier öffentlich zugänglichen Thermen, erkennt man einen Entwicklungsbogen, der den politischen Status der Stadt Trier zeigt: Zuerst entstanden die Barbarathermen (S. 34) als riesige Prachtbauten in einer Zeit städtischen Aufstiegs und Wohlstands. Sie wurden offenbar mit staatlicher Förderung zügig gebaut und fast drei Jahrhunderte lang als luxuriöser Wellness-Betrieb genutzt. Die Kaiserthermen (S. 38) hingegen wurden etwa 150 Jahre später begonnen, kurz nachdem Kaiser Diocletian das Imperium durch Reformen stabilisieren konnte. Doch sie wurden nie zu Ende gebaut, weil die Nachfolgekaiser entweder andere Residenzen bevorzugten oder sich für neue Bauprojekte interessierten. Von einer solchen Interessensverschiebung des Kaisers profitierten vielleicht die Thermen am Viehmarkt: Die bestehende Gebäudeanlage unbekannter Bestimmung wurde möglicherweise zur Therme umgebaut, weil Kaiser Gratian seine berittene Palastgarde gern in seiner Nähe hatte.

Alles Spekulation, alles Erklärungsversuche für eine Zeit, aus der wir zu wenige schriftliche Quellen haben. Ohne Archäologie wüssten wir noch weniger.

Kaiserthermen

Die Kaiserthermen liegen in der Sichtachse von Basilika (S. 34) und Kurfürstlichem Palais (S. 52), dazwischen dehnt sich der Palastgarten aus. Die Ruinen der Kaiserthermen bilden mit dem bis 2007 entstandenen Arkadengang des Architekten Oswald Matthias Ungers den baulichen Abschluss des Palastgartens.

Durch den Palastgarten sind die Kaiserthermen und die Basilika, die antike *Aula Palatina*, heute städtebaulich aufeinander bezogen; zugleich sind diese römischen Baudenkmale geschichtlich miteinander verbunden. Denn die Kaiserthermen und die Palastaula waren zur gleichen Zeit im Bau – und wurden beide bereits im Rohbau vernachlässigt, weil die römischen Herrscher in anderen Städten bauliche Schwerpunkte setzten. Die Palastaula wurde nach langer Bauunterbrechung noch fertig gebaut, doch in den Kaiserthermen wurde nie ein öffentlicher Badebetrieb aufgenommen. Das Gelingen oder Scheitern von Großprojekten wie diesen hängt mit der Reichspolitik zusammen.

Die Kaiserthermen liegen an exponierter Stelle in der antiken Stadt, in einer Achse mit dem Forum. Sie entstanden zu Füßen von Circus und Amphitheater (S. 28) am Hang des Petrisberges. Außerdem liegt in ihrer Nachbarschaft der alte gallische Tempelbezirk im Altbachtal (S. 42), dessen archäologisch wertvolle Mauern im Erdreich heute dank einer Schrebergartenkolonie bestens konserviert sind.

Politik bestimmt die Stadtplanung

Wenn römische Stadtplaner etwas bauen, legen sie größten Wert auf die Wahl des Bauplatzes und sorgen dafür, dass die Verkehrsachsen und die Fassaden der stadtschmückenden Großprojekte perfekt aufeinander abgestimmt sind. So wurden die Kaiserthermen achsial auf die wichtigste Ostwest-Achse der Stadt ausgerichtet, auf den *Decumanus Maximus*.

Überdies sind römische Stadtplaner hemmungslos, wenn für ihren Großauftrag die bisherige Bebauung ge-

Die als Thermen geplanten Gebäude wurden nur wenige Jahre genutzt – als Kaserne der kaiserlichen Garde.

Wie bei der Porta Nigra, der Basilika und den Barbarathermen, wurden hier im 19. Jahrhundert alle mittelalterlichen Gebäude abgetragen, so dass man heute wieder *die Kaiserthermen* sieht.

opfert werden soll. Über die sozialen und persönlichen Folgen hunderter Treverer, deren komfortable, mit privaten Badeanlagen, Mosaiken und Malereien ausgestattete Wohnblocks für Thermenbauten kurzerhand abgerissen wurden, ist nichts bekannt. Für die großen Barbarathermen (S. 34) wie für die etwa 150 Jahre später gebauten Kaiserthermen wurden mehrere *Insulae* am damaligen Stadtrand *niedergelegt*, wie Bauhistoriker leidenschaftslos und sachlich formulieren – oder auch *platt gemacht*, wie die Bewohner es vielleicht ausgedrückt hätten. Immerhin gehörten die Häuser, die Archäologen unter den Kaiserthermen fanden, zu den frühesten Steinhäusern in Trier. Sie stammen aus dem 1. Jahrhundert. Dieses Stadtviertel war demnach mindestens schon 250 Jahre alt, als es am Ende des 3. Jahrhunderts für die Kaiserthermen fiel. Der Archäologe Klaus-Peter Goethert merkt an, dass man nichts darüber sagen kann, ob die Besitzer der Häuser entschädigt oder enteignet wurden.

Thermen ohne öffentlichen Badebetrieb

Doch dem ehrgeizigen Bauvorhaben war kein Glück beschieden: Im Unterschied zu den Barbarathermen, die zügig fertig geworden waren und mehrere Jahrhunderte lang einer luxuriösen Badekultur dienten, wurden die Kaiserthermen weder richtig fertig noch entspannten sich hier Badegäste vom Alltag. Der Bau der Kaiserthermen stockte immer wieder, die mächtige Bauruine wurde schließlich zur Kaserne umgebaut.

Was war in den Generationen zwischen Barbarathermen und Kaiserthermen geschehen? Die Provinzstadt hatte sich im 2. Jahrhundert gut und friedlich entwickelt, so dass in kurzer Zeit außer der Stadtmauer und einer neuen Brücke mehrere öffentliche Großbauten wie die Barbarathermen und das Amphitheater entstanden waren. Wenig später, seit dem Jahr 175, fielen etwa 20 Jahre lang mehrfach Germanen in das römische Rhein- und Donaugebiet ein. Zu allem Unglück hatten Soldaten aus Persien die Pest eingeschleppt.

Selbst als Ruine noch ein Baukörper von imperialen Dimensionen: die aufgemauerte Apsis der Kaiserthermen.

Sie diente im 4. Jahrhundert wahrscheinlich als Exerzierhalle und Fahnenheiligtum der Palastgarde.

Abgesehen von vielen Menschen, die ihr Leben verloren, war der wirtschaftliche Schaden für das Gemeinwesen enorm, was wiederum zur politischen Instabilität und zu Putschversuchen führte.

Besser wird es für Trier ebenso wie für das Imperium, nachdem der Gegenkaiser Clodius Albinus im Jahr 197 n. Chr. besiegt ist. Die nun beginnende zweite Ruhe- oder Blütezeit für die Kommune dauert jedoch keine hundert Jahre: Seit dem Jahr 275 fallen wieder Germanen in das Imperium ein und überwinden zum Schrecken aller sogar die römische Reichsgrenze, die bis dahin sicher schien. Erst unter dem weitblickenden Kaiser Diocletian (284–305) entspannt sich die Lage wieder. Diocletian erkennt die reichspolitische Gefahr durch die Germaneneinfälle für die Stabilität des riesigen Imperiums und organisiert die politische Verwaltung um: Er teilt das Reich in vier Teile, die ihrerseits verwaltungstechnisch in Untereinheiten, *Diözesen*, organisiert werden.

Nach den Reformen Diocletians kann man sich wieder der Stadtplanung widmen

Trier steigt unter Kaiser Diocletian als Hauptstadt eines großen Teils Westeuropas auf, der die Länder Gallien, Britannien und Spanien umfasst und bis Nordafrika reicht: Diocletian ernennt Maximian zum *Unterkaiser*, zum *Caesar*. Indem Maximian die Stadt Trier im Jahr 285 als Residenz wählt und Trier dadurch Hauptstadt seines Westreiches wird, kann es mit der Stadtplanung weiter gehen, und vermutlich entstehen in dieser Zeit die Pläne für die Kaiserthermen.

Als Mitregenten ernennt Diocletian zunächst Maximian Herculeus, und seit 293 den Soldaten Constantius, genannt Chlorus. Dieser Constantius Chlorus, der 13 Jahre lang, bis zum Jahr 306 regiert, ist der Vater des späteren Kaisers Konstantin, dem man den Beinamen *der Große* gibt. Konstantins Vater Constantius Chlorus treibt die Ausbaupläne für Trier als Residenzstadt voran und lässt die Kaiserthermen weiterbauen.

Die Kaiserthermen von außen, von Südosten gesehen. Die teilweise rekonstruierten Mauern vermitteln einen Eindruck eines als Caldarium geplanten Gebäudes, das im 4. Jahrhundert wenige Jahre vom Militär genutzt wurde. Im Mittelalter diente ein Fenster im Caldarium als Stadttor.

Wahrscheinlich hatte schon Constantius Chlorus mit der Palastaula begonnen, zumindest legt ein Münzfund nahe, dass die Palastaula im Jahr 305 im Bau gewesen sein muss. Ein Jahr später stirbt der Kaiser, und sein Sohn Konstantin übernimmt im Jahr 306 für mehr als 31 Jahre die Herrschaft.

Zunächst scheint Konstantin die Trierer Großbaustellen seines Vaters und das Bauprogramm für die Hauptstadt fortzusetzen. Doch kaum drei Jahre nach seinem Regierungsantritt zieht es ihn mehr in den Osten seines Reiches. Die Folge: Der Residenzbau in Trier wird vernachlässigt, sogar die Palastaula bleibt jahrzehntelang, mindestens bis zum Jahr 341, unvollendet, und die Arbeiten an den Kaiserthermen werden spätestens seit 316 eingestellt, dem Jahr, in dem sich Konstantin gänzlich seiner neuen Stadt Konstantinopel zuwendet. Böse Menschen sagen: Ganz so ernst hat es der als erster christlicher Kaiser Verehrte nicht mit seiner Residenzstadt Trier gemeint.

Das ändert sich Jahrzehnte später erst, als Gratian im Jahr 367 *Augustus* des römischen Westreiches wird und in Trier bleiben will. Er lässt das Palatium weiterbauen, doch die Pläne für die Kaiserthermen ändert er.

Vielleicht waren die Barbarathermen wegen ihres Luxus so beliebt, vielleicht hat Gratian das Gebäude am heutigen Viehmarkt (S. 36) statt der Kaiserthermen zu einer Badeanlage umbauen lassen, vielleicht wollte er seine berittene Palastgarde von 800 bis 1000 Mann in seiner Nähe haben und überließ ihr deshalb die unfertigen Thermen als Kaserne. Man weiß es nicht. Man kann nur die Veränderungen am Bau selbst ablesen, die wohl vor der Mitte des 4. Jahrhunderts vorgenommen wurden, um eine begonnene Therme zur Kaserne umzubauen. Doch auch diese wurde seit dem Jahr 436 nicht mehr gebraucht. Die römische Verwaltung brach Mitte des 5. Jahrhunderts zusammen. Nun bezogen die Treverer die Gebäude, und bald danach bauten sie hier die Kirche St. Gervasius, die 1803 abgerissen wurde.

Die römischen Gänge und Kanäle lassen vergessen, dass sich in den Thermen schon bald die Treverer ansiedelten, eine Kirche und später eine Burg bauten. Bis 1816 verlief hier die mittelalterliche Stadtmauer.

Tempelbezirk im Altbachtal

Vom Tempelbezirk im Altbachtal kann man nichts sehen – er liegt unter einer Kleingartenkolonie im Südosten der Altstadt. Vom Verteilerkreis führt die Straße nach Olewig, rechts zweigt der alte Weg mit Kreuzstationen ab, der zur Heiligkreuzkapelle (S. 104) führt.

Gerade weil man statt des Tempelbezirks heute Gärten sieht, ist er interessant für dieses Buch. Denn hier kann beispielhaft gezeigt werden, dass es unterschiedliche Zustände gibt, in denen heute die antike Welt in Trier erhalten ist. Was man innerhalb des modernen Stadtbildes so selbstverständlich besichtigen kann, ist bereits das interpretierte und möglichst anschaulich inszenierte Ergebnis von generationenlanger Denkmalpflege. Wenn man die komplizierte Geschichte in einer Grabung wie etwa am Viehmarkt nicht unmittelbar versteht, liegt das weder an mangelhafter Präsentation noch an eigener Begriffsstutzigkeit, denn es geht vor allem darum, die Zeugnisse im Boden zu schützen und zu bewahren.

Seit dem frühen 19. Jahrhundert haben Archäologen und Restauratoren in Trier Herausragendes geleistet: Die faszinierende Fülle von Funden im *Rheinischen Landesmuseum Trier* und im *Diözesanmuseum* gibt davon beredtes Zeugnis. Wir wissen dadurch viel über das antike Leben, doch Vieles bleibt ein Geheimnis. Trier ist eine moderne Stadt, die auf der größten Römerstadt nördlich der Alpen erwuchs. Solange wertvolle Befunde im Boden verborgen liegen, sind sie bestens geschützt.

Religiöse Vielfalt in der römischen Antike

Die seit dem 19. Jahrhundert freigelegten Römerbauten in der christlichen Stadt Trier fokussieren vor allem einen Aspekt: die *Kontinuität* von der Antike zur christlichen Stadt, die seit zwei Jahrtausenden nachvollziehbar ist.

Doch Geschichte ist nicht linear, sondern besteht aus Geschichten, und die römisch-gallische Gesellschaft in Trier war nicht immer eine christliche, sondern jahrhundertelang eine multireligiöse. Die Menschen in der Antike waren natürlich lange vor dem Christentum durch und durch religiös, ihr Alltag war durchdrungen vom Glauben an und vom Leben mit ihren Göttern und deren Abgesandten, mit Untergöttern, Engeln und Geistwesen vieler Art, zu denen man eine enge Beziehung pflegte. So groß wie das römische Reich war, so viele Kulte wurden dort gepflegt, in Britannien andere als in Nordafrika, in Gallien andere als in Syrien – es gab hunderte Kulte.

Im Osten mehr als 70 Tempel, im Westen ein altes treverisches Heiligtum

Im römischen Imperium herrschte die meiste Zeit seines Bestehens eine multireligiöse Kultur mit weitgehender Religionsfreiheit. Römische Politiker waren klug genug, den entfernten Provinzen in ihrem riesigen Reich nicht alles aufzuzwingen, sondern ihnen ihre lokalen Göttervorstellungen zu lassen. Anders hätten sie die abgelegensten Winkel in ihrem Imperium nicht regieren können. Sie verlangten allerdings eines: Alle mussten den römischen Kaiser grundsätzlich anerkennen und ihm – oder in Vertretung seinem Kult*bild* – im Rahmen des allgemeinen Kaiserkultes *öffentlich* Anerkennung zeigen. Sofern man diese Regeln respektierte, ließ der Staat auch Kulte zu, die ihm fremd waren. Gefährlich wurde es nur, wenn man ein *Geheimnis* aus dem eigenen Glauben machte, wie die ersten Christen. Ansonsten konnte man die Religion ausüben, der man sich in seiner Familie und Region zugehörig fühlte. Das sollte sich mit Kaiser Konstantin und der Institutionalisierung des Christentums in der Spätantike ändern.

Seit fast hundert Jahren ist bekannt, dass es im Osten Triers, im Altbachtal, einen ausgedehnten, fünf Hektar großen Tempelbezirk mit etwa 70 Tempeln gab, der vor allem einheimischen Kulten gewidmet war und über vier Jahrhunderte hinweg genutzt wurde. Und auf der linken Moselseite, in Trier-West, lag das alte Stammesheiligtum der Treverer, aus dem in römischer Zeit ein Tempelbezirk für Lenus Mars hervorging. Auch an diesem Stadtrand Triers, am Irminenwingert, liegen heute Kleingärten und Wiesen, zu ihren Füßen Siedlungen, eine Schule und seit 1971 das Gemeindezentrum St. Simeon (S. 26), in dem die Don-Bosco-Salesianer unverzichtbare Jugendarbeit leisten.

Nur wenige Triergäste verirren sich nach Trier-West, doch vor zwei Jahrtausenden herrschte hier reger Betrieb, da hier eine heilige Quelle (*Heidebor*) entsprang. Wohn- und Badegebäude lassen vermuten, dass viele Menschen an der Quelle Heilung suchten. Seit dem 1. Jahrhundert entstand hier ein ausgedehnter, von einer Mauer umgebener Kultbezirk mit einem monumentalen Tempel und einem Kulttheater.

Durch die Kleingartenkolonie ist der wertvolle Tempelbezirk im Altbachtal bestens konserviert. Das Gleiche gilt für den Tempelbezirk in Trier-West.

Im Hintergrund links der Turm von St. Gangolf, rechts die Kaiserthermen, dahinter die Türme von Liebfrauen und Dom.

Basilika (Evangelische Kirche zum Erlöser)

Wie bezeichnet man dieses Backsteingebäude im Herzen der Trierer Altstadt auf ›politisch korrekte‹ Weise? In Vorbereitung zur Konstantinausstellung 2007 nannte man es oft *die Konstantinbasilika*, die Trierer nennen es seit dem 19. Jahrhundert *die Basilika* – wenngleich es sich weder liturgisch noch von der Bauform um eine Basilika handelt –, um den frühchristlichen Charakter der Halle zu betonen. Und die wenigsten Nichttrierer würden sie unter jenem Namen finden, der die Funktion des Gebäudes seit mehr als 150 Jahren bezeichnet: Es ist die *Evangelische Pfarrkirche zum Erlöser*, und das immerhin seit 1856.

Viele Gäste stellen sich heute hier den Audienzsaal eines römischen Kaisers vor; die Gemeindemitglieder hingegen begrüßen die römerbegeisterten Besucher in ihrem Gotteshaus – und erst in zweiter Hinsicht in einem Baudenkmal.

Das heutige Gebäude ist das Ergebnis des Wiederaufbaus der Jahre 1954 bis 1956. Bomben hatten das Kirchendach 1944 zerstört, die klassizistische Kirchenausstattung von 1856 verbrannte. Doch die römischen Umfassungsmauern hatten der großen Hitze standgehalten. Was der Krieg übrig gelassen hatte, das war die ausgebrannte Ruine einer Kirche.

Heute gilt *die Basilika* neben der *Porta Nigra* als touristisches Muss für Triergäste. Im Mittelalter wurde die Basilika *Palatium* genannt. Die *Aula Palatina*, die *Palastaula*, ist heute der letzte als Raum erlebbare Teil einer weitläufigen Residenzanlage aus einer Zeit, als Trier die größte Stadt nördlich der Alpen war.

Das 19. Jahrhundert macht die Aula Palatina sichtbar

Was man heute sieht, ist der wieder hergestellte Rohbau eines antiken Backsteingebäudes, jedoch ohne die üblichen Wandverkleidungen. Die Raum*dimension* des großen Saales selbst wieder erlebbar zu machen, ist das Verdienst von Denkmalpflegern, Architekten und Künstlern, die hier bis 1856 den politischen Willen des Preußenkönigs Friedrich Wilhelm IV. umsetzten.

Dazu mussten sie eine Menge Material aus dem Gebäudekomplex herausreißen, mussten etliche Einbauten der vergangenen Jahrhunderte entfernen, um den Rest des römischen Mauerwerks gleichsam freizuschälen. Denn zu diesem Zeitpunkt war der antike Prunksaal jahrhundertelang von den Trierer Erzbischöfen als Teil ihrer Residenz genutzt und mehrfach umgebaut worden. Die protestantischen Preußenkönige aus der Hauptstadt Berlin brauchten im 19. Jahrhundert kein weiteres Residenzschloss in Trier, sie brauchten keinen Neubau – sie schufen Denkmale. Sie wollten ihre Dynastie und ihre Politik in eine möglichst lange Reihe politischer Vorgänger stellen – und das konnten selbstredend nicht die (katholischen) Fürstbischöfe Triers sein. Womit sich das junge preußische Königshaus ideologisch identifizieren konnte, das waren die römischen Kaiser, die über Jahrhunderte hinweg mit großem Erfolg ein Weltreich regiert hatten.

Das Schloss der Trierer Kurfürsten (S. 52 f.) und die Palastaula haben daher eines gemeinsam: Es sind die letzten baulichen Erinnerungen, die vormals zu ausge-

Die Basilika dürfte neben der Porta Nigra das bekannteste Baudenkmal Triers sein. Das markante Backsteingebäude prägt seine Umgebung.

Vom Palastgarten mit der großen Fontaine sieht man die Nahtstelle zwischen Basilika und Kurfürstlichem Palais (S. 52 f.).

dehnten Residenzanlagen mit vielen Nebengebäuden gehört hatten. Die Palastaula steht für die Zeit, in der das antike Trier den Rang einer Residenzstadt hatte, und das Kurfürstliche Palais erinnert an die Jahrhunderte, als geistliche Würdenträger von Trier aus das Kurfürstentum regierten.

Der größte imperiale Prunksaal im Herrschaftszentrum Westeuropas

Ob der Bauherr der *Aula Palatina* tatsächlich Kaiser Konstantin war, lässt sich aus den wenigen schriftlichen Quellen des 4. Jahrhunderts nicht belegen, sondern allenfalls rückschließen. Die Münze, die Friedrich Kutzbach 1937 in der Vorhalle fand, deutet darauf hin, dass die Palastaula 305 n. Chr. im Bau war – dann wäre sie unter Konstantins Vater Constantius Chlorus begonnen worden. Immerhin wird der Bau nicht zügig vorangetrieben, denn im Jahr 341 ist die Aula immer noch ein Rohbau. In jedem Falle stand hier ein älterer Palast der Provinzialverwaltung, der für den Neubau mit der Palastaula völlig eingeebnet wurde.

Heute steht die ehemalige Palastaula weitgehend isoliert auf einem Platz – eine städtebauliche Situation, die nichts mit dem antiken Zustand gemeinsam hat. Die Palastaula war eingebunden in ein weiträumiges Architektursystem aus Gebäuden und Innenhöfen, die durch Säulengänge miteinander verbunden waren. An den beiden Langseiten der Basilika erstreckten sich Höfe, die von Säulengängen begleitet waren: im Westen, wo sich der Konstantinplatz befindet, und im Osten, wo der Innenhof des Kurfürstlichen Palais liegt. Vor der südlichen Stirnwand der Palastaula lag eine große, mit Marmor ausgestaltete und selbstverständlich heizbare Vorhalle.

Der antike Saal wirkte durch die Nebengebäude erheblich größer und eindrucksvoller als der heutige, isoliert stehende Bau. Doch selbst in diesem Zustand gilt die Palastaula neben dem – noch vollständig original

erhaltenen – Pantheon in Rom als der größte erlebbare einzelne Raum aus der Antike. Sie misst innen mehr als 56 Meter in der Länge, ist mehr als 27 Meter breit und 30 Meter hoch.

Trotz der vielen Umbaumaßnahmen gibt es sogar noch römisches Material an der Basilika: Das Gebäude war außen verputzt und dekorativ bemalt; vom Außenputz sind an der Apsis und in einigen Fensternischen noch Reste erhalten. Der römische Bau war – wie der rekonstruierte Zustand – mit zweizonig angeordneten Rundbogenfenstern unter Blendarkaden gegliedert. Außen befanden sich unter den Fenstern im 4. Jahrhundert hölzerne Galerien; diese Außengalerien sind schon lange verschwunden, doch die beiden Wendeltreppen, die in Treppentürmen zu beiden Seiten der Apsis auf die Galerien hinauf führten, stecken im Mauerwerk. Die Galerien wirkten am Außenbau wie massive Gesimse und betonten stärker die Horizontalität der Fassade.

Der durch schwarze und weiße Marmorplatten geometrisch gemusterte Fußboden war – ebenso wie die Wände bis in acht Meter Höhe – durch eine Hypokaustenheizung beheizbar; von dieser aufwendigen, für einen Römer unverzichtbaren Heizung sind noch fünf *Praefurnien* (Heizkammern) in den Wänden erhalten. Die technischen Details der Fußbodenheizung unter der Aula Palatina sind gut erforscht. Selbst für die erfahrenen Römer war es eine ingenieurtechnische Meisterleistung, einen solchen Raum, je nach Anlass und Personenzahl, flexibel beheizen zu können.

Außerdem waren die Wände des Saales innen mit farbigem Marmor und Pilastern aus weißem Marmor verkleidet; die Krampenlöcher, an denen die Marmorplatten verankert waren, kann man an den Backsteinmauern sehen, ebenso wie die Löcher in der unteren Mauerzone, wo die Tubuli der Hypokaustenheizung in der Wand verliefen. Die Apsis, das Zentrum der kaiserlichen Versammlungshalle, lag 25 Zentimeter, etwa zwei Trittstufen, höher. Die Nischen in der Apsis wurden prachtvoll gestaltet: Blaue und grüne Ranken auf goldenem Grund betonten die Tiefenwirkung der Apsisnischen.

Der römische Palast wird weiter genutzt

Die Römer hatten ihre offiziellen städtischen Gebäude massiv gebaut, in Stein und Marmor, mit soliden Fundamenten, Fußbodenheizungen und perfekter Anpassung an die klimatischen und landschaftstypischen Bedingungen in ihren Provinzen. Entsprechend langlebig und haltbar waren ihre Gebäude, auch nachdem die politische Verwaltung des riesigen Reiches längst zusammengebrochen war. Der Abriss massiver römischer Mauern sollte die Trierer Handwerker noch Jahrhunderte später vor große technische Probleme stellen.

Die Palastaula wurde kaum ein halbes Jahrhundert lang genutzt, denn sie war Jahrzehnte lang ein Rohbau, selbst Konstantin interessierte sich seit 316 mehr für Konstantinopel als für Trier. Um das Jahr 395 sehen sich die Kaiser Westroms angesichts der Bedrohung durch die Goten gezwungen, ihren Hof von Trier ins sicherere Mailand zu verlegen, ihre Zivilverwaltung zieht nach Arles um. Kaum hundert Jahre später, im Jahr 475, fällt Trier dann an eines der fränkischen Teilreiche. Das hat zur Folge, dass der vormals staatliche Besitz, auch der Palast, dem fränkischen König gehört.

Dieser setzt zur Verwaltung einen Gaugrafen ein, der seine Pfalz in dem für ihn völlig überdimensionierten römischen Palast installiert, jedoch seinen Hof wohl ungleich bescheidener führt als es sich die Weltmacht der Römer erlauben konnte. Für die römische Pracht fehlten dem fränkischen Reich allein schon die Menschen, denn die Einwohnerzahl Triers war nach der Römerzeit drastisch zurück gegangen.

Irgendwann stürzen die Außengalerien der Palastaula ein, sehr viel später auch das Dach über dem mehr als 1600 Quadratmeter großen Saal. Die nunmehr dachlosen, aber noch immer wehrhaften und fast 30 Meter hohen Außenmauern der einstigen Palastaula bieten weiterhin guten Schutz. Man nutzt sie für den Anbau kleinerer, windgeschützter Wohn- und Nutzbauten. Die stabile Westmauer wird im Mittelalter in den Neubau einer dem heiligen Laurentius geweihten Kirche einbezogen; diese Kirche stand bis zum Abbruch 1803 dort, wo der Konstantinplatz liegt.

Im frühen Mittelalter werden die Erzbischöfe politisch immer wichtiger, von 630 bis 750 besitzen sie sogar die alleinige Herrschaftsgewalt über die Stadt. Unter Karl dem Großen steigt der Trierer Erzbischof als Metropolit der Bistümer Toul, Metz und Verdun auf, während die Pfalz gewohnheitsrechtlich längst in den Besitz der Trierer Erzbischöfe übergegangen ist. Doch das Tauziehen zwischen weltlichen und geistlichen Landesherren – zwischen Pfalzgrafen und Erzbischöfen – um den dauerhaften Anspruch auf das Palatium zieht sich bis ins ausgehende 12. Jahrhundert hin: Erst 1197, als es dem Trierer Erzbischof Johann I. (1190–1212) mit einer gehörigen Menge Goldmünzen gelingt, dem Pfalzgrafen seine Rechte abzukaufen, wird das

Von den überlebensgroßen Skulpturen, die Gustav Kaupert 1880/87 für die Nischen in der Apsis der klassizistischen Kirche geschaffen hatte, sind heute nur noch die Köpfe erhalten. Die Figuren selbst, die Christus und die vier Evangelisten darstellten, hatten die Bomben zwar überstanden, wurden jedoch vor dem Wiederaufbau der Basilika 1953 entsorgt. Lediglich die Köpfe barg man aus den Trümmern. Erst im Jahr 2006 wurden die Köpfe wieder in der Basilika aufgestellt.

alte Palatium dauerhaft von den Erzbischöfen bewohnt. Jetzt wird das Palatium zur Residenz der Erzbischöfe und späteren Kurfürsten von Trier.

Der antike Prunksaal verschwindet 1647 im Erzbischöflichen Schloss

Jetzt erst, im 13. Jahrhundert, lohnt es sich für die Erzbischöfe, das Palatium aufwendig umzubauen. Sie verstärken seine Wehrfähigkeit, nachdem sich die römischen Mauern mehrfach, sogar bei monatelangen Belagerungen, bewährt hatten. Die Bischöfe lassen einen Wehrgang mit Zinnenkranz und kleinen Spähtürmen an den Ecken aufbringen.

Einen Saal von der gewaltigen Größe einer antiken Palastaula brauchen sie nicht. Deshalb nehmen sie umfangreiche Ein- und Umbauten vor: Vor allem trennen sie die Apsis durch eine Mauer vom Langhaus ab und bauen sie zum Wohnturm um. Dadurch entsteht für mehrere Jahrhunderte der in Zeichnungen überlieferte Eindruck eines runden Turmes, der das Palatium abschließt und später *Heidenturm* genannt wurde.

Erst als Ende des 16. Jahrhunderts die militärische Verteidigung gegenüber dem höfischen Repräsentationsbedürfnis der Erzbischöfe in den Hintergrund tritt, wird unter Erzbischof Lothar von Metternich (reg. 1599–1623) der römische Baukörper der Palastaula baulich erweitert und in einen vierflügeligen Schlossneubau einbezogen (S. 52 f.). Für den Neubau seines Renaissanceschlosses wagt sich Lothar von Metternich im Jahr 1614 zum ersten Mal daran, die noch immer fast 30 Meter hohen römischen Mauern der 1300 Jahre alten Palastaula einzureißen: In seinem Auftrag beginnt man mit der mühsamen Arbeit, die 67 Meter lange Ostmauer und große Teile der Südmauer abzubrechen. Die halbrunde Apsis und die heute sichtbare, freistehende Westmauer werden schließlich unter Metternichs Nachfolger, Erzbischof Philipp Christoph von Sötern (reg. 1623–1652), dergestalt in den Neubau integriert, dass sie nicht mehr als eigenständiger alter Baukörper in Erscheinung treten.

Die Palastaula wird also im frühen 17. Jahrhundert um mehr als die Hälfte abgerissen; substantiell bleiben von der römischen Ost- und Südmauer nur noch die Fundamente und ein paar Steinlagen darüber erhalten, weil das Gelände inzwischen angewachsen war.

Die neue Ostmauer des Schlosses wird um 18 Meter nach Westen in das antike Bauwerk hinein gesetzt, so dass ein nur neun Meter breiter, mehrgeschossiger Wohnflügel entsteht. Zugleich wird die antike Westmauer in ihrer Höhe um fast fünf Meter abgetragen. Sie ist nun niedriger als die Apsis, die damit als befestigter Eckturm noch markanter wirkt.

Kurzum: Die Palastaula ist mit der Schlossvollendung 1647 optisch – und weitgehend auch in ihrer materiellen Substanz – verschwunden. Als Erzbischof Johann Philipp von Walderdorff hundert Jahre später das bestehende Renaissanceschloss erneut umbauen und einen Südflügel bauen lässt (S. 52 f.), braucht er nicht weiter in die Reste des römischen Palatium einzugreifen.

Grundsätzlich war die Palastaula der römischen Kaiser für die Erzbischöfe unter politischem und ideolo-

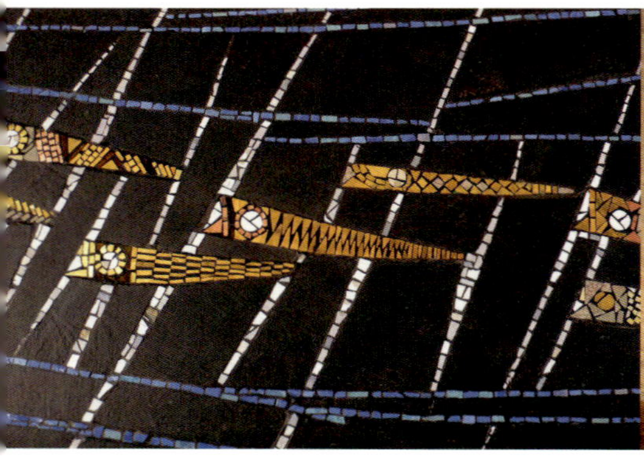

Der kunstvolle Mosaikboden des Taufbeckens von Eugen Keller aus Höhr-Grenzhausen zeigt Fische im Jordan.

Der Innenraum ist 56 Meter lang und fast 28 Meter breit. Der Scheitel des Triumphbogens ist mehr als 28 Meter hoch, vom Boden bis zur Decke sind es etwa 30 Meter.

Flache Kassettendecken wie die moderne Decke waren in der Antike verbreitet und sind für diesen säulenlosen Saal eher vorstellbar als ein Gewölbe.

gischem Aspekt nicht mehr interessant; sie hatten keinen Grund, sie als etwas Altes, Kostbares besonders zu betonen. Für die absolutistischen Bauvorstellungen schien das Palatium nicht einmal praktisch, sondern wurde nur deshalb nicht vollständig abgerissen, weil sich diese Arbeit als zu mühsam erwiesen hatte.

Doch drei Jahrhunderte später hatten sich die politischen und sozialen Verhältnisse abermals dergestalt geändert, dass sich die neuen Landesherren wieder für das alte Römergebäude zu interessieren begannen.

Die Rekonstruktion des Römerbaus zerstört das Kurfürstliche Residenzschloss

Die Französische Revolution hatte die Jahrhunderte alten Herrschaftsverhältnisse in Europa beendet. Der letzte Trierer Kurfürst residierte seit 1786 aus Sicherheitsgründen wieder in Koblenz statt in Trier; kaum acht Jahre nach seinem Umzug, 1794, marschierten die französischen Revolutionstruppen in Trier ein. Das Kurfürstentum wurde aufgehoben, das Residenzpalais als Lazarett und Kaserne genutzt. Zu allem Unglück machte Napoleon der Stadt das Palais 1810 auch noch zum Geschenk, so dass die Stadt zu allen finanziellen Belastungen noch die Unterhaltskosten für die Kaserne aufbringen musste. Zwei Jahrzehnte nach den Franzosen kamen 1814 die Preußen, die nun für den Palastkomplex aufkamen, auch wenn die Stadt Eigentümerin blieb.

Als die Evangelische Gemeinde auf der Suche nach einer Ausweichkirche war, kam der Trierer Architekt Christoph Wilhelm Schmidt auf den Gedanken, der Preußischen Regierung in Trier 1844 schriftlich den Vorschlag zu unterbreiten, die noch im Kurfürstlichen Palais steckenden Teile der römischen Palastaula wieder ›in ursprünglicher Größe und Stilreinheit‹ zurückzubauen und zur Kirche umzugestalten. Der Staatskonservator der Kunstdenkmäler, Ferdinand von Quast (1807–1877) unterstützte Schmidts Idee und leitete dessen Vorschlag an König Friedrich Wilhelm IV. weiter, der am 27. November 1844 per Kabinettsorder beschloss, dass die Basilika »in ihrer ursprünglichen Größe und Stilreinheit mit Benutzung der sehr bedeutenden römischen Reste wiederhergestellt werden« und als evangelische Kirche dienen solle. Wie beschrieben, waren die römischen Dimensionen nur mit viel Phantasie vorstellbar. Nur die Mauer der Apsis und die Westwand steckten seit zwei Jahrhunderten unter Putz und Stuck des Kurfürstlichen Palastes.

Um das Volumen der Palastaula wieder zu erreichen, müssen nun wiederum große Baumassen ab-

Was war zuerst da? Die Aula Palatina oder der Kurfürstliche Palast? An der Südwestecke des Schlossinnenhofes stößt die Palastaula hart an den Rokoko-Schlossflügel.

Das Rokokoschloss baute Johannes Seiz bis 1761. Als die Palastaula 1846 freigelegt werden sollte, musste man den bestehenden Westflügel des Schlosses abtragen und für die Basilika eine neue Backsteinmauer errichten.

gerissen und andere dafür aufgemauert werden. Der König ordnet an, den Westflügel des Schlosses abzureißen, dazu Teile des Nordflügels und ein Stück der Hoffassade (Foto des Innenhofes S. 50). Mehr als die Hälfte der Palastaula muss wieder aufgemauert werden: die östliche Langwand in voller Länge und Höhe, ein Teil der Apsis und fast fünf Meter Höhe auf der westlichen Langseite.

Preußen lässt das römische Trier aufleben

Warum aber will ein Preußenkönig einem völlig verbauten antiken Gemäuer wieder zu neuen alten Ehren verhelfen? Der Aufbau von Ruinen und ›Rückbau‹ in einen politisch opportunen Vorzustand gehört bei den Preußenkönigen zur Propaganda. Auch am Rhein, der kurze Zeit Grenzfluss zu Frankreich gewesen war, retten die Mitglieder des Preußischen Königshauses Schloss- und Burgruinen, um sie zu ›vollenden‹: Mit dem Koblenzer Residenzschloss, Schloss Stolzenfels und Burgen wie Rheinstein und Sooneck zeigen sich die neuen protestantischen Herrscher in der katholischen Rheinprovinz als Bewahrer guter alter Tradition, die sie dadurch eigentlich erst gründen. Zugleich setzt sich der König für die ›Vollendung‹ des gotischen Kölner Domes ein – ein finanzieller Kraftakt mit nationaler politischer Strahlkraft. In Trier fördert die Preußische Regierung seit dem frühen 19. Jahrhundert den Rückbau *römischer* Gebäude und Ruinen.

Die Römerzeit kam der Identitätsfindung des protestantischen Preußischen Königshauses entgegen, weil man sich durch Kaiser Konstantin, ›den ersten christlichen Kaiser‹, in eine imperiale und zugleich christliche Sukzession stellen konnte. Ohne diese Politik gäbe es heute keine Barbara- und Kaiserthermen, kein Amphitheater und keine Porta Nigra zu besichtigen.

Es war der erfahrene Kirchenbauer und Oberbaurat Friedrich August Stüler (1800–1865), der das Innere der neuen Kirche gemeinsam mit anderen, wie Oberbaurat August Soller (1805–1853), in den Dimensionen der *Aula Palatina* in spätklassizistischer Formensprache ausgestaltete. Stüler galt seit 1845 als wichtigster Berater des Königs in allen Baufragen, war Direktor der Schlossbaukommission und Mitdirektor der Berliner Bauakademie. Künstlerisch waren alle an der Rekonstruktion der Palastaula Beteiligten von dem Architekten und Begründer der staatlichen Denkmalpflege, Karl Friedrich Schinkel (1781–1841), beeinflusst. Es war für Stüler selbstverständlich, den bis dahin vorhandenen Außenputz der Aula Palatina abzuschlagen, um das ›römische‹ Material Backstein sichtbar zu machen. Nach zehnjähriger Abriss-, Umbau- und Bauzeit wurde die neue Evangelische Kirche in Anwesenheit des Königs am 28. September 1856 eingeweiht.

Der Kirchenbauer Stüler, der während der Wiederaufbauplanungen 1846/47 eine Studienreise nach Rom unternommen hatte, konnte gegen die Meinungen seiner Kollegen einen offenen Dachstuhl als – vermeintlich – typisch antike, christliche Bauform durchsetzen; hundert Jahre danach gab man beim Nachkriegswiederaufbau einer schlichten flachen Kassettendecke den Vorzug, die nach heutigem Kenntnisstand dem antiken Eindruck näher kommen dürfte. Doch mit der klassizistischen Wandverkleidung, Bemalung, den Figurennischen und der Bodengestaltung kam Stüler der antiken Raumwirkung näher als es der heutige, backsteinsichtige Raum vermitteln kann – und vor allem *will*.

Der antike Rohbau wird wieder hergestellt

Die flächendeckende Zerstörung europäischer Städte im Zweiten Weltkrieg stellte die Menschen vor die große Frage: Welchen der historischen Vorzustände sollen und können wir wieder herstellen? In Trier bevorzugte man den purifizierenden Wiederaufbau der Aula Palatina als Kirche vor einer Rekonstruktion des Vorkriegszustandes. Die Gemeinde hatte – in Zeiten großer Finanz- und Raumnot – darum gekämpft, ihre *Kirche zum Erlöser* an diesem Ort wieder zu erhalten. Der Wiederaufbau der Basilika war keineswegs eine bloße städtische Angelegenheit, sondern ein bundesweit diskutiertes Politikum. Wem ›gehörte‹ die wertvolle Ruine, juristisch, moralisch, historisch?

Als was beschreibt man nun politisch korrekt den heutigen Bau? Als *Evangelische Kirche zum Erlöser* in den frei gelegten, rekonstruierten, restaurierten und ergänzten Umfassungsmauern der einstigen römischen *Aula Palatina*, die die meiste Zeit im Kurfürstlichen Schloss versteckt war, und für die sich seit der Rekonstruktion durch die Preußen als griffiger Name zur schnellen Orientierung *die Basilika* durchgesetzt hat.

Zitate aus: Kunstdenkmäler 1938 und Die Basilika in Trier. Festschrift zur Wiederherstellung 9. Dezember 1956. (u.a. von Wilhelm Reusch und Werner Bornheim gen. Schilling).

Kurfürstliches Palais

Mitten in Trier gelegen: Basilika und Kurfürstliches Palais. Vom Palastgarten eröffnet sich der berühmte Blick auf die beiden so unterschiedlichen, und doch geschichtlich wie gestalterisch untrennbar miteinander zusammenhängenden Großbauten. Aus dem antiken Machtzentrum mit der so genannten Basilika ging später das Residenzschloss der Trierer Kurfürsten hervor, das bis 1794 Zentrum der geistlichen und weltlichen Herrschaft war.

Die Basilika wird seit 1856 als Evangelische Kirche genutzt, das Palais dient seit der Auflösung der Bezirksregierungen in Rheinland-Pfalz im Jahr 2000 als Sitz der *ADD*, der *Aufsichts- und Dienstleistungsdirektion.*

Der Rokoko-Südflügel des Kurfürstlichen Palais mit dem repräsentativen Treppenhaus wurde zwischen 1756 und 1761 im Auftrag des Erzbischofs und Kurfürsten Johann Philipp Reichsgraf von Walderdorff gebaut, der von 1756 bis 1768 regierte. Walderdorff beauftragte mit dem Bau dieses Südflügels seinen Hofbaumeister Johannes Seiz, einen Schüler Balthasar Neumanns. Der begabte Hofbildhauer Ferdinand Tietz schuf den Skulpturenschmuck im Park und im Treppenhaus.

Was dieser Blick nicht zeigt: Die Rokokofassade des Palastes wurde keineswegs als symmetrische Anlage gebaut, wie es der Mittelrisalit und die Bauregeln des Barock vermuten ließen: Entgegen den ersten Planungen von Seiz wurde der geplante westliche Eckrisalit nie ausgeführt, weil der kurfürstliche Bauherr eine monumentale dreigeschossige Fassade bevorzugte.

Was für ein heiteres Schloss mitten in der Stadt! Feinste Rokoko-Eleganz, eine Fassade in lichtem Blütenrosa, Weiß und einem vornehmen Grau – diese repräsentative und zugleich duftige Formensprache ist Mitte des 18. Jahrhunderts an den Höfen Europas *en vogue*. Das gilt auch für Trier, immerhin eine der ältesten Residenzstädte Europas. Französisch ist die gängige Gesellschafts-, Diplomaten- und Intellektuellensprache, mit der sich die weit verzweigten Adelsfamilien länderübergreifend von Paris bis St. Petersburg, von Potsdam bis Prag und Wien verständigen. Überaus verfeinert und geregelt sind Hofkultur und Geschmack der Oberschicht. Dies betrifft die gesellschaftlichen Regeln der Ständegesellschaft mit ihrem Anspruch an Unterhaltung durch Musik und Theater, an raffinierte Speisen, bemalte Porzellane, geschliffene Gläser, Seidenstoffe und nicht zuletzt die arbeitsintensive Gartenkunst.

Im Park liegen heute auch ein Spielplatz und das Café des bis Frühjahr 2007 sanierten *Rheinischen Landesmuseums Trier*. Das Bild, das der Blick vom Palastgarten mitten in der Altstadt auf das Kurfürstliche Palais mit der Basilika, der antiken Palastaula (S. 44) fokussiert (wie links im Bild), erweckt den Eindruck, man sehe etwas Altes, einen historischen Zustand aus antiken und feudalen Gebäuden. Doch das höfische Leben hier, in diesem Südflügel des Schlosses, war nur von kurzer Dauer; das Rokokoschloss und der Garten dienten die längste Zeit ihres Bestehens ganz profan als Kaserne mit Exerzierplatz. Das heute selbstverständlich wirkende, vielfach publizierte Bild aus Basilika und Palais ist das Ergebnis enormer denkmalpflegerischer Baumaßnahmen des 19. Jahrhunderts, die hier wie an anderen römischen Gebäuden in Trier das Ziel verfolgten, die Römerzeit im Stadtbild wieder heraus zu präparieren. Seit dieser Zeit sind die Basilika, die benachbarten Kaiserthermen, das Amphitheater, die Barbarathermen und die Porta Nigra wieder als *Römerbauten* erlebbar, weil die jüngeren Bestandteile entfernt wurden. Alle diese Maßnahmen fanden in Trier im Auftrag der Preußischen Regierung statt und wurden im Kapitel über die Basilika (S. 44) beschrieben.

Das Schloss wird von der Politik überholt

Der Trierer Erzbischof von Walderdorff hatte einfach Pech. Er konnte nicht ahnen, dass er zu spät war. Als er sich ein Rokokoschloss anstelle des bestehenden, altmodisch erscheinenden Renaissanceschlosses bauen ließ, hatten sich die Gedanken der Aufklärung längst verbreitet, und schon sein Amtsnachfolger war der letzte Kurfürst. Die Französische Revolution sollte wenig später das alte Feudalsystem auflösen, Europa neu aufgeteilt werden. Walderdorffs Rokokoschloss wurde zwar noch vollendet, doch sein Amtsnachfolger bevorzugte wieder die Koblenzer Residenz vor der Trierer. 1794 marschierten die französischen Revolutionstruppen in Trier ein, damit endete die kurfürstliche Regierung links des Rheins.

Nach den Franzosen kamen die Preußen, nach dem Ersten Weltkrieg wieder die Franzosen, so dass das

Kurfürstliche Palais mit der heiteren Fassade bis zum Abzug der Besatzungstruppen im Jahr 1930 als Kaserne diente.

Nach dieser mehr als 140 Jahre langen Kasernennutzung wurde das Schloss schließlich saniert, um hier das *Rheinische Landesmuseum* unterzubringen. Doch dazu sollte es auch nicht kommen. Denn als das Schloss 1939 endlich bezugsfertig war, begann die deutsche Regierung wieder mit Krieg. Bomben zerstörten den frisch restaurierten Schlossbau wie die ganze Innenstadt. Das Land Rheinland-Pfalz baute das Schloss schließlich nach dem Krieg in einem Kraftakt ab 1954 wieder auf. Seit 1956 dient es nun der Verwaltung, seit dem Jahr 2000 der *ADD*, der *Aufsichts- und Dienstleistungsdirektion* des Landes Rheinland-Pfalz.

Was also existiert noch von Walderdorffs Rokokoschloss außer der rekonstruierten Gartenfassade? Von der Innenausstattung hatten bereits die Soldaten 1794 nichts mehr übrig gelassen, und große Teile des Rokokobaus hatten die Preußen 1856 für die Rekonstruktion der römischen Basilika abgetragen.

Die originalen Schlossmauern schließlich wurden wie das prunkvolle Rokokotreppenhaus im Zweiten Weltkrieg weitgehend zerstört und danach rekonstruierend wieder aufgebaut. Die Garten-Skulpturen kümmert die profane Bau- und Umnutzungsgeschichte wenig – auch sie sind Kopien, die nach 1930 angefertigt wurden, als man den Exerzierplatz wieder in einen Garten verwandelte. Ihre Originale bevölkern die Flure der *ADD* und des Trierer Stadtmuseums (S. 24).

Substantiell hatte das Bauten-Ensemble aus Basilika und Schloss sehr gelitten; doch ideell hängen diese beiden Reste alter Residenzen aus verschiedenen Jahrtausenden miteinander zusammen: Weil hier die römische Kaiserresidenz lag, bestand hier bereits ein politischer Machtort. Seit 150 Jahren wird an dieser Stelle der Stadt städtebaulich *das Römische* ausdrücklich betont.

Ein städtebauliches Ergebnis des 19. Jahrhunderts

Triers Geschichte bildet sich an keinem Ort verdichteter ab als hier, vor der Südfassade des Kurfürstlichen Palais, vor diesem städtebaulich geschaffenen Ensemble, in der grünen Gartenoase am Rande der modernen Einkaufsstadt, auf halbem Wege zwischen dem Dom in die eine Richtung und den Kaiserthermen in die andere. Von der Fontaine im Park hat man gleich beide Römerbauten im Blick: Die südlich gelegenen Kaiserthermen auf der einen Seite, und die Palastaula hinter – oder besser *an* – dem Kurfürstlichen Residenzschloss. Zwischen Palastaula und Kaiserthermen verbindet der grüne Teppich der Rasenflächen die Zeiten miteinander.

In der heutigen Stadt ist die geologische Bedingung für die Anordnung der beiden römischen Großbauten nicht mehr direkt wahrnehmbar. Doch die Palastaula, das nördlich von ihr gelegene Dom-Ensemble und die Kaiserthermen im Süden erheben sich auf einer natürlichen Niederterrasse, die sich in Nordsüdrichtung auf etwa 700 Metern Länge erstreckt. Die heute selbstver-

Der Palastgarten, in Trier *Pálasgarten* genannt, erstreckt sich vom Kurfürstlichen Palais bis zu den Kaiserthermen.

Bis 1930 befand sich hier der Exerzierplatz der im Schloss untergebrachten Kaserne. Der Garten entstand nach 1935 und 1947 – erst 1981 wurde er fertig.

Die Gartenskulpturen der Götter und Sagengestalten sind Abgüsse von Tietz-Skulpturen, die nicht für diesen Garten gedacht waren. Tietz hatte sie um 1758 für andere Schlösser entworfen.

Die Gartenterrasse wurde beim Wiederaufbau seit 1954 nach einem wohl nicht ausgeführten Entwurf von Johannes Seiz aus dem Jahr 1757 rekonstruiert.

ständlich erscheinende Doppelansicht aus Basilika und Schlossflügel, die sich von der Parkseite her zeigt, ist ein bewusst gestaltetes Ergebnis der städtebaulichen Planung durch die preußische Regierung in der Mitte des 19. Jahrhunderts. Und heute, mehrere Generationen nach dem Wiederaufbau der Stadt Trier, gehört die berühmte, parkseitige Ansicht von Basilika und Rokokoschloss zu den Wahrzeichen der Stadt.

Die Aula Palatina wird zum Kurfürstlichen Schloss ausgebaut

Das heutige Schloss nimmt man durch die Verbindung mit der Basilika nicht so leicht als eigenen Gebäudekomplex wahr. Zu unterschiedlich sind die einzelnen Baukörper. Betrachtet man den Südflügel und den Nordflügel einzeln, fällt ihre Asymmetrie auf. Tatsächlich fehlt beim Nordflügel seit der Freilegung der Palastaula 1856 ein Stück, und dem Neubau des Südflügels fiel ein älterer Treppenturm in der Südostecke zum Opfer.

Man begreift jedoch die bestehende Schlossanlage gut, wenn man den Park verlässt und um den ganzen rechteckigen Baublock aus Basilika und Schlossflügeln herum geht. Dann wird deutlich, dass das Schloss als eine Vierflügelanlage geplant wurde, die einen Innenhof bildet. Vier Gebäudeflügel um einen Hof herum gibt es zwar bis heute; doch der westliche Schlossflügel existiert nicht mehr. Er verschwand 1856, als man die Basilika wieder freilegte, die bis dahin in den Schlossbau integriert war. Nord- und Ostflügel zeigen sich – seit dem Wiederaufbau wieder – als Renaissanceflügel, und der südliche Baukörper ist der bekannte Walderdorffsche Rokokoflügel von 1761.

Die Bausubstanz, die der heutige Betrachter vor sich hat, ging somit aus einem Renaissanceschloss hervor, von dem heute nur noch zwei Schlossflügel bestehen – beziehungsweise nach dem Zweiten Weltkrieg erst wieder aufgebaut wurden. Die beiden anderen Renaissanceflügel waren bereits der Neugestaltung der Basilika und dem Rokoko-Neubau gewichen.

Ein weiterer wichtiger Schlossteil fehlt heute völlig: die zweite Vierflügelanlage, die damals *Niederschloss* genannt wurde, und sich im Norden an den heute noch bestehenden Schlossteil, das *Hochschloss*, anfügte. Die Renaissanceanlage bestand somit aus zwei Vierflügelanlagen, wodurch es zu den erwähnten *zwei* quadratischen Innenhöfen des Kurfürstlichen Schlosses kam. Der *Rote Turm* (S. 58) und das Petersburgportal erinnern als Reste des *Niederschlosses* an diese Anlage.

Doch bevor sich die Trierer Kurfürsten im frühen 17. Jahrhundert überhaupt ein Renaissanceschloss leisten konnten, hatten sie bereits jahrhundertelang an die Reste des alten römischen Palatiums angebaut und sich hier eine wehrfähige Burganlage errichtet. Denn die antike Palastaula, der kaiserliche Empfangssaal aus dem 4. Jahrhundert, war wegen seiner soliden Bausubstanz und seiner Größe stets weiter genutzt worden; die Aula Palatina hatte den Bischöfen bereits in merowingischer Zeit als königliche Pfalzanlage wichtige Dienste erwiesen.

Von dem Renaissanceschloss sind nur zwei Flügel erhalten, der nördliche und der östliche. Sie entstanden zwischen 1615 und 1623 und besitzen detailreiche Renaissance-Portale.

Der Blick nach Süden vom Innenhof des Schlosses auf den Rokokoflügel von Johannes Seiz zeigt, wie der Mittelrisalit durch die Freilegung der Aula Palatina seit 1856 eingeschränkt ist.

Sukzessive sicherten sich die Trierer Bischöfe ihre Ansprüche auf das antike Anwesen und bauten es im frühen Mittelalter immer weiter zur schützenden Burganlage aus. Wahrscheinlich hatten sie bereits im Jahr 902 dieses ehemalige Königsgut als Schenkung erhalten, doch ihren festen Sitz nahmen sie hier erst unter Erzbischof Johann I. (1190– 1212) ein. Danach erst lohnten sich umfangreiche, auf lange Sicht sinnvolle Baumaßnahmen. Doch wie die mittelalterliche Residenz der Erzbischöfe genau aussah, weiß man nicht, denn die späteren Neubauten ließen von den älteren Einbauten in der einstigen Aula Palatina der römischen Kaiser mit dem – in alten Ansichten überlieferten – *Heidenturm* nichts übrig.

Man sollte nicht vergessen, dass die Trierer Erzbischöfe in Personalunion auch *Kurfürsten* waren und damit zu den sieben mächtigsten und einflussreichsten Politikern im *Heiligen Römischen Reich* gehörten. Denn die Kurfürsten erwählten, oder genauer *kürten,* den *Römischen König* und entschieden damit über das politische Geschick halb Europas. Das Trierer Territorium reichte von der Mosel bis zum Mittelrhein und Westerwald.

Vom vierflügeligen Renaissanceschloss stehen noch zwei Flügel

Anfang des 17. Jahrhunderts hatte sich die reichspolitische Lage konsolidiert, so dass die Erzbischöfe damit beginnen konnten, ihr altmodisches, noch burgähnliches Schloss zu einem modernen Renaissanceschloss ausbauen zu lassen. Diese Maßnahmen wurden in den Jahrzehnten nach 1615 durchgeführt.

Zunächst war es Erzbischof Lothar von Metternich (1599–1623), der sich, inspiriert durch das Aschaffenburger Schloss, von dem Kurmainzischen Baumeister Georg Ridinger umfangreiche Neubaupläne zeichnen ließ. Als Bauleiter holte sich der Kurfürst Albrecht Beyer aus Bamberg, der erst einmal Platz für den ehrgeizigen Neubau schaffen musste.

Dazu ließ er nicht nur Häuser der Umgebung abreißen und die mittelalterlichen Gebäudeteile abtragen, sondern auch – und das stellte sich als ungleich mühsamer heraus – große Teile der 30 Meter hohen römischen Mauern abbauen. Unter Einbeziehung der Westwand und der Apsis der Palastaula begann Albrecht Beyer mit der Renaissanceanlage. Als sein kurfürstlicher Auftraggeber Lothar von Metternich 1623 nach kaum achtjähriger Bauzeit starb, waren immerhin schon die – noch bestehenden – Nord- und Ostflügel fertig gestellt. Metternichs Nachfolger, Kurfürst Philipp von Sötern, ließ die Bauarbeiten fortsetzen, und erst unter dem dritten Bauherrn, Kurfürst Karl Kaspar von der Leyen, waren das *Hochschloss* und das *Niederschloss* schließlich vollendet. Doch die nachfolgenden Kurfürsten sollten nach den jahrzehntelangen Baumaßnahmen wenig Freude an dem großzügigen Neubau haben, denn sie konnten die nächsten Jahrzehnte nicht mehr in Trier residieren, sondern regierten überwiegend von ihrer Residenz Ehrenbreitstein in Koblenz aus.

Das Treppenhaus der 1950er Jahre steckt im Renaissanceflügel. Die großzügig geschwungene Treppe ist ein seltenes Beispiel für die repräsentativen Treppenhäuser der jungen Republik.

Der Rote Turm

Was heute nicht mehr existiert, aber zur Renaissanceanlage gehörte, ist das *Niederschloss*, das nördlich an die bestehende Vierflügelanlage des *Hochschlosses* angebaut war. Das *Niederschloss* war als zweite Vierflügelanlage um einen zweiten, ebenfalls quadratischen Innenhof herum gebaut worden. Von diesem Schlossteil, der unter dem zweiten Bauherrn, Kurfürst Philipp von Sötern, begonnen wurde, sind der *Rote Turm* und das *Petersburgportal* erhalten.

Der Rote Turm war in der Nordwestecke des *Niederschlosses* gebaut worden und bis zur Kriegszerstörung 1944 durch eine zweigeschossige Galerie mit der Apsis der Palastaula verbunden. An Stelle dieser zum Hof hin offenen Galerie wurde später das Hochbauamt errichtet. Den Roten Turm, der als kurfürstliches Archiv- und Kanzleigebäude geplant war, hatte der kurtrierische Hofbaumeister Matthias Staudt entworfen. Der Bau des *Niederschlosses* hatte sich nach Fertigstellung des *Hochschlosses noch* weitere 30 Jahre hingezogen und wurde schließlich unter dem dritten Bauherrn, Erzbischof Karl Kaspar von der Leyen (1652–1676), fertiggestellt. Der *Rote Turm* wurde um 1830 um ein Geschoss erhöht.

Das Rokokoschloss von Bischof Walderdorff

Seit 1676 war das Renaissanceschloss fertig. Doch es sollte keine hundert Jahre unangetastet bleiben. Gemessen allerdings am Umfang jener Baumaßnahmen des 17. Jahrhunderts, die bald sieben Jahrzehnte gedauert hatten, nimmt sich die letzte kurfürstliche Baumaßnahme am Schloss mit kaum fünfjähriger Bauzeit als geradezu kurz aus. Obwohl diese Baumaßnahme *nur* den Südflügel betraf, veränderte sie das Gesicht des Schlosses entscheidend und prägt es bis heute. Der Südflügel mit dem prachtvollen Treppenhaus, gebaut unter dem Erzbischof und Kurfürst Johann Philipp Reichsgraf von Walderdorff (1756–1768), bildet die eigentliche Schauseite des Kurfürstlichen Palais, die dem Anwesen von der Gartenseite aus ihr prachtvolles Gesicht verleiht.

Als Graf Walderdorff 1756 die Regierung antritt, entwickelt er sofort ehrgeizige Pläne für die Modernisierung des ›alten‹ Trierer Schlosses. Walderdorff war der erste Kurfürst, der Trier seit Generationen wieder als Dauerresidenz bevorzugte, hatte er doch die meiste Zeit seines Lebens bereits in Trier verbracht. Als Hofbaumeister beschäftigt er Johannes Seiz, einen Schüler des genialen Schloss- und Treppenbaumeisters Balthasar Neumann. Nicht zufällig erinnert daher das Treppenhaus von Seiz an die Vorbilder, die sein *Lehrer* Neumann für Walderdorffs kurfürstliche Kollegen schuf: die Würzburger Residenz und Schloss Augustusburg in Brühl. Das kleinere Trierer Treppenhaus kann wegen der überaus phantasievollen bildhauerischen Durchgestaltung von Brüstung und Treppengeländer als ein Hauptwerk des Rokoko angesehen werden – nach der Zerstörung im Zweiten Weltkrieg wurde es leicht modernisierend wieder aufgebaut. Als glücklich sollte sich erweisen, dass Seiz seinerseits aufs engste mit dem be-

Der Rote Turm und das Petersburgportal mit dem Erzbischöflichen Wappen sind heute die einzigen Reste des *Niederschlosses*.

Detail der Rokoko-Fassade, bis 1761 im Auftrag von Fürstbischof von Walderdorff von seinem Hofbaumeister Johannes Seiz und dem Hofbildhauer Ferdinand Tietz geschaffen.

gabten Bildhauer Ferdinand Tietz zusammen arbeitete. Beide gleichermaßen handwerklich befähigt und voller Phantasie, entwerfen sie in ihren Werkstätten für den Kurfürsten den Rokokoflügel mitsamt Treppenhaus und Figurenprogramm für Schloss und Gartenparterre. Seiz muss jedoch seine Architekturentwürfe 1756 auf Wunsch des Kurfürsten mehrfach abändern, und schließlich wird der bestehende Flügel bis 1761 in der Formensprache des rheinisch-fränkischen Rokoko ausgeführt.

Eine sehr kurze Schlossgeschichte

Heutigen Betrachtern fällt sofort auf, dass der Südflügel nicht symmetrisch ausgeführt wurde – im Unterschied übrigens zu den ersten Entwürfen, die Johannes Seiz gezeichnet hatte und in denen er zwei symmetrisch angeordnete, niedrigere Anbauten vorgesehen hatte. Für die Symmetrie fehlen hier der geplante westliche Eckrisalit und fünf Achsen in der 22-achsigen Fassade. Seiz baute stattdessen einen langgestreckten, dreigeschossigen Schlossflügel mit einem fünfachsigen Mittelrisaliten und einem dreiachsigen Eckrisaliten als östlichen Gebäudeabschluss.

Hinter dem Mittelrisaliten befindet sich die für ein Schloss dieser Zeit obligatorische Durchfahrt für Kutschen. Darüber liegt der zentrale Festsaal mit einem Balkon zur Gartenseite hin. Im Saal erinnert ein Gemälde an den Bauherrn dieses Schlossflügels. Ins Saalgeschoss gelangt man von der Durchfahrt im Erdgeschoss über das prachtvolle Treppenhaus.

Der Balkon vor dem Festsaal wird von Doppelsäulen getragen; auf seiner Brüstung tummeln sich Putten, Allegorien der vier Jahreszeiten. Im Jahr 1761 war das Heiterkeit ausstrahlende Rokokoschloss so weit fertiggestellt, dass es seinem kurfürstlichen Bauherrn, Erzbischof von Walderdorff, für glanzvolle Feste und Empfänge dienen konnte; doch schon eine Generation später wird im Schloss nicht mehr gefeiert. Jetzt werden hier verletzte Soldaten versorgt, und seit 1794 wird das Schloss für eine lange Zeit von fast 130 Jahren zur Kaserne. Denn der Nachfolger von Erzbischof von Walderdorff, der letzte Kurfürst Clemens Wenzeslaus von Sachsen, hatte seine Residenz gleich bei seinem Regierungsantritt 1777 von Trier wieder nach Koblenz verlegen lassen, wo er sich – übrigens auf der Grundlage eines Entwurfes von Johannes Seiz, den andere Architekten dann überarbeiteten – sein Schloss umbauen ließ, nunmehr nicht mehr in der Formensprache des Rokoko, sondern frühklassizistisch – wie Schloss Monaise (S. 134).

Dem Land Rheinland-Pfalz ist es mit viel Sensibilität und mit großen finanziellen Kraftanstrengungen gelungen, die alten und neuen Zustände des Schlosses nach der dramatischen Zerstörung im Krieg wieder herzustellen und zu bewahren. Die heutige Belebung der Räume als Büros und der mit öffentlichen Mitteln in viel Handarbeit gepflegte, jedem zugängliche Garten dürften die glücklichsten Nutzungen in der langen Schlossgeschichte darstellen, die man einem Kunstwerk wie diesem wünschen kann.

Das Treppenhaus von Johannes Seiz mit dem Skulpturenschmuck von Ferdinand Tietz gilt als ein Hauptwerk des Rokoko.

Dom und Liebfrauen

UNESCO-Welterbe: Der romanische Dom St. Peter und die gotische Liebfrauenkirche am Domfreihof.
Der Dom wurde im 4. Jahrhundert in das bestehende römische Gebäude hinein gebaut. Sein hier zu sehender Westbau ist ein Meisterwerk salischer Kirchenbaukunst.

Er entstand in der ersten Hälfte des 11. Jahrhunderts unter Erzbischof Poppo von Babenberg, der zur gleichen Zeit auch die Porta Nigra in eine Kirche zu Ehren seines Freundes Simeon umbauen ließ (S. 20).

Im Schatten des Welterbes spielen die Trierer oft Boule.

An keinem anderen Ort nördlich der Alpen lässt sich die Amtskontinuität der Bischöfe von der Antike bis ins 21. Jahrhundert lückenlos belegen: Eine Tafel am Eingang zur Krypta des Domes erinnert an diese lange Geschichte. Es beginnt im 3. Jahrhundert mit den ersten Bischöfen Eucharius und Valerius, deren römische Sarkophage in der Krypta der Abtei St. Matthias (S. 115) erhalten sind.

Der romanische Dom aus dem 11. Jahrhundert und die gotische Liebfrauenkirche aus dem 13. Jahrhundert – wo sonst gibt es ein solches Nebeneinander von Räumen, die baulich und geschichtlich untrennbar miteinander verbunden sind? Seit der Antike ist dieser Ort immer bebaut. Deshalb wird an keiner anderen Stelle die Kontinuität von der antiken zur Erzbischöflichen Stadt so deutlich wie an diesen beiden Kirchen – und an den jüngsten Ausgrabungen unter der seit 2003 bestehenden *Dom-Information*.

UNESCO-Welterbe seit 1986

Die Grabung unter der *Dom-Information* und die Befunde unter den Abteien von St. Maximin (S. 116) und St. Matthias (S. 112) verweisen auf die ältesten Zeugnisse des Christentums in Deutschland. Die Kirchenprovinz des Erzbistums entsprach bis zum Konkordat von 1801 der alten römischen Provinz *Belgica prima*. Seit der römische Kaiser Konstantin das Christentum im frühen 4. Jahrhundert vor allen anderen Religionen in seinem Reich bevorzugt hatte, breitete sich die römisch-katholische Religion in Europa aus.

Das Bautenensemble aus Dom und Liebfrauenkirche wurde 1986 auf die Liste des Weltkulturerbes der UNESCO gesetzt. Seit der Spätantike, seit dem frühen 4. Jahrhundert, wird der Dom immer wieder umgebaut, reduziert, erweitert, umgestaltet. Deshalb sind in seinen Fundamenten und im aufgehenden Mauerwerk bis heute römische Mauern enthalten und im so genannten *Quadratbau* (S. 64) sogar außen zu sehen. Ganz anders die Liebfrauenkirche: Ihren Vorgängerbau trug man im 13. Jahrhundert völlig ab. Stattdessen baute man etwa um 1230 eine ›moderne‹ Kirche auf einem zentralen Grundriss im Stil der französischen Kathedralgotik.

Kontinuität der Doppelkirchenanlage

Die untrennbare Nachbarschaft von Dom und Liebfrauenkirche begründet sich darin, dass die Bischöfe hier im 4. Jahrhundert eine gewaltige *Doppelkirchenanlage* bauten, deren Mauern zum großen Teil im Boden unter dem Dom und dem Domfreihof stecken (S. 66 f.). Seit der Antike stehen hier also zwei parallel ausgerichtete monumentale Bauten, die miteinander verbunden waren. Das Modell im benachbarten *Diözesanmuseum* vermittelt einen Eindruck von dieser spätantiken Doppelkirchenanlage, die sich damals viel weiter nach Westen, über die heutigen Westfassaden hinausgehend, erstreckte. Unter der *Dom-Information* hat man im Jahr 2002 die Ausgrabungen konserviert und zugänglich gemacht, die seitdem zeigen, wie die Vorgeschichte der Anlage begann:

Als das Domkapitel im Jahr 2000 beschloss, auf dem Grundstück im Garten der *Kurie von der Leyen* ein Dom-Informationszentrum zu bauen, war ihm durch frühere Ausgrabungen (unter Theodor Kempf) bekannt, dass sich hier wichtige Teile der frühchristlichen Kirchenanlage befinden. Das Ergebnis der jüngsten Grabungen überstieg die Erwartungen: Die Archäologen fanden unter der Leitung von Winfried Weber,

dem Bistumsarchäologen und Museumsdirektor des Diözesanmuseums, den bislang ältesten Bauteil der antiken Bischofskirche. Man diskutiert derzeit, ob es sich bei dessen Vorgängerbau um eine frühe Hauskirche handeln könnte.

Bischof Agritius baut die erste Kirche

Gegen Ende des 3. Jahrhunderts wurde hier in einem bestehenden römischen Wohnhaus ein kleiner, etwa zehn Meter langer und fast sechs Meter breiter Saal gebaut. Dieser Saal erstreckt sich in Ost-West-Richtung und endet im Westen mit einer Apsis – einer halbrunden Raumausbuchtung, wie sie in der Antike verbreitet ist. Die Nutzung dieses Apsidensaales ist nicht klar. Aber immerhin wurde auf seinen Fundamenten später, im frühen 4. Jahrhundert, zur Zeit des Trierer Bischofs Agritius – der seit 314 und wohl bis 329 regierte – eine dreischiffige Basilika mit einer apsidialen Betonung im Osten errichtet.

Dieser basilikale Raum könnte die erste Bischofskirche Triers gewesen sein, die unter Bischof Agritius vielleicht deshalb genau hier gebaut wurde, weil hier in dem älteren Apsidensaal bereits eine Hauskirche bestanden hatte – eine Hypothese, die man mangels schriftlicher Quellen weder belegen noch ausschließen kann. Das Mittelschiff der Agritius-Basilika ist 14 Meter breit, die Seitenschiffe messen fast sieben Meter.

Offensichtlich erschien den römischen Trierern – oder den konstantinischen Ansprüchen – dieser Bau des Agritius wenige Jahre später wieder zu klein, denn nun wurde die Basilika modernisiert und um ein Mehrfaches ihrer Grundfläche zu einem Kirchenzentrum erweitert. Dieses wurde unter dem Nachfolger von Agritius gebaut, unter dem Trierer Bischof Maximin, der von 329 bis 346 regierte, und bestand nun aus *vier* basilikalen, miteinander verbundenen Räumen. Das nordöstliche Ende der Basilika wurde um 370/380 durch den so genannten Quadratbau ersetzt. Entscheidend

Römisches Mauerwerk bis zum Gesims – ein einmaliger Befund an der Dom-Nordseite: Der antike *Quadratbau* steckt *im* heutigen Dom.

für die Interpretation als *Kirchen*bauten sind Fragmente von einer Chorschranke aus dem südöstlichen Basilikabereich – der heute unter der Liebfrauenkirche liegt: Die vielen kleinen Putzfragmente aus der Mitte des 4. Jahrhunderts zeigen Graffiti-Ritzungen. Darunter befinden sich viele Christogramme – die Abkürzung für den Namen *Christus*.

Kaiser Konstantin schafft die Grundlagen

Über Konstantin sind zum Konstantinjahr 2007 in Trier mehrere Biografien erschienen. Die Eckdaten seines Lebens sind dank der Vita des Eusebius und der langen Rezeptionsgeschichte bekannt. Sie werden hier im Zusammenhang mit dem Dom daher nur in Stichworten in Erinnerung gerufen:

Konstantin wurde um das Jahr 275 n. Chr. in Nis, heute in Serbien-Montenegro, als Sohn des Constantius Chlorus, des späteren römischen Kaisers, und der Helena geboren. Er starb mit etwa 62 Jahren im Jahr 337, nachdem er als Kaiser ungewöhnlich lang, nämlich fast 31 Jahre das römische Reich regiert hatte. Konstantin war, wie sein Vater, gelernter Soldat und kämpfte viele Jahre um die Alleinherrschaft. Von Trier aus sicherte er den Westen des Reiches gegen die germanischen Stämme. Bei der legendären *Schlacht an der Milvischen Brücke* vor Rom besiegte er im Jahr 312 seinen Konkurrenten Maxentius, und die früh einsetzende Legendenbildung überhöhte diesen Sieg zu einem religiösen Schlüsselerlebnis des Kaisers. Konstantin ließ sich als erster Kaiser taufen – wenn auch erst auf dem Sterbebett, und zwar arianisch. Außerdem setzte er den Sonntag als gesetzlichen Feiertag ein.

Konstantin ließ in den wichtigen Städten des Imperiums Zeichen setzen: Was er genau in Trier baute, kann nur erschlossen werden, denn Eumenius von Autun lobt in seiner Rede im Jahr 310 nur *allgemein* die kolossalen Bauwerke seines Kaisers, ohne einzelne zu benennen. Sicher ist, dass Konstantin der erste

Die schmalen barocken Fenster sitzen in den breiten römischen Fenstern. Über dem Gesims beginnt die barocke Querschiffmauer. Der Quadratbau wurde in der Regierungszeit Kaiser Valentinians (364–375) begonnen.

Ausschnitt aus dem einzigartigen Deckengemälde aus einer Villa des frühen 4. Jahrhunderts, das bei den Grabungen von Theodor Kempf nach dem Krieg unter dem Dom gefunden wurde und im benachbarten Diözesanmuseum in jahrzehntelanger Arbeit rekonstruiert werden konnte.

Feinste antike Kunstfertigkeit: Eine Elfenbeinschnitzerei aus dem 5. Jahrhundert, heute im Domschatz, zeigt eine Prozession in Konstantinopel, im Vordergrund die Kaiserin mit dem Kreuz, die eine Reliquie in Empfang nimmt.

römische Kaiser war, der den Bau von Kirchen förderte und damit Politik machte. In Rom stiftete er den ersten Bau von St. Peter, in Jerusalem die Grabeskirche und in Bethlehem die Geburtskirche. Außerdem ließ er sich in Rom eine der größten Kaiserstatuen errichten, die zwölf Meter hoch war und in der Maxentiusbasilika aufgestellt wurde. Offenbar zog es Konstantin nach dem Jahr 316 immer mehr von Trier in Richtung seiner oströmischen Heimat, denn er konzentrierte seine Bautätigkeiten auf die Stadt Byzanz, heute Istanbul. Er ließ Byzanz in *Konstantinopolis* umbenennen und stattete die im Jahr 330 eingeweihte Stadt mit Kunstschätzen aus, die er aus der ganzen Welt zusammentrug.

Trier war bereits seit 293 die Residenz seines Vaters, des Kaisers Constantius Chlorus, gewesen, und sollte es auch wieder unter Konstantins Söhnen, Constantinus und Constans, werden, die sich zeitweise in Trier aufhielten, etwa bis zum Jahr 350. Durch die häufige Anwesenheit der Kaiserfamilie und ihres Hofstaates wird Trier finanziell und damit kulturell begünstigt und kann sich seit dem 4. Jahrhundert zu einem religiösen Zentrum entwickeln.

Seit dem Jahr 306 war Trier etwa zehn Jahre lang Konstantins bevorzugter Residenzort; bis 316 war die Stadt ein beliebter Aufenthaltsort von Konstantin. Im Jahr 321 besuchte er Trier *vermutlich*, 328 besuchte er Trier *sicherlich*, vielleicht blieb er sogar bis 329.

Weil Trier in der Antike eine Kaiserresidenz war, besaß die Stadt einen besonderen Rang als politischer Machtort. Dadurch konnte Trier später zum Bischofssitz aufsteigen. Im Alltag gab es noch Generationen nach Konstantin ein Nebeneinander von den alten religiösen Traditionen mit den römischen Gottheiten und dem Gott der Christen. Auch das zeitgenössische Bildprogramm auf dem Konstantinbogen in Rom bezieht sich deutlich auf den Sonnengott *Sol invictus*. Doch durch das *Toleranzedikt von Mailand* sind die Christen seit 313 gleichberechtigt.

Die spektakulären Ausgrabungen der Jahre 2000 bis 2002 erstrecken sich unter der anschließend gebauten *Dom-Information* und dem Domfreihof.

Diese Basis einer Säule liegt *in situ*. Das Profil über und neben der Basis zeigt, wie eine meterdicke Schicht aus Schutt und Erdreich in den bewegten Jahrhunderten nach der Römerzeit wachsen kann.

Die farbig bemalten Fragmente einer römischen Raumdecke wurden behutsam ergänzt.

Im Vordergrund des Bildes auf der rechten Seite ist die nach Westen gerichtete Apsis zu sehen, die im späten 3. Jahrhundert an ein bestehendes Gebäude angebaut wurde. Darüber ist der Estrichfußboden der Agritiuskirche erkennbar.

Der ›Quadratbau‹ von Valentinian

Nach der Zeit Konstantins erlebt das römische Trier noch einmal eine Blütezeit, unter Kaiser Valentinian, der von 364 bis 375 regiert. In seiner Regierungszeit beginnt man, die beschriebene Doppelkirchenanlage abermals zu erweitern: Nun entsteht ein großes Gebäude auf quadratischem Grundriss mit 40 Metern Seitenlänge, ein *Quadratbau*. Dieser Quadratbau ist der älteste Teil des heutigen Domes, dessen Mauerreste und Dimensionen bis heute den Raum prägen.

Valentinian lässt seinen Sohn Gratian (367–383) übrigens von einem der berühmtesten Lehrer seiner Zeit erziehen, von Ausonius aus Bordeaux, dem Autor des Lobgedichts *Mosella* (S. 2). Als Gratian Kaiser wird, lässt er den Quadratbau, den sein Vater begonnen hatte, fertig bauen.

Der Spanier Maximus ermordet jedoch Gratian im Jahr 383 und erhebt sich zum Regenten, bis er seinerseits fünf Jahre später von Theodosius besiegt und 388 hingerichtet wird. Der Bruder des ermordeten Kaisers Gratian, Valentinian II. (388–392), war der letzte römische Kaiser, der sich in Trier aufhielt, denn die Germaneneinfälle ließen nicht nach, und die Römer hielten es für klüger, ihre Kaiserresidenz an einen sichereren Ort zu verlegen.

Damit beginnt Ende des 4. Jahrhunderts der kulturelle Niedergang der antiken Stadt Trier. In den Jahren 406/407 stürmen die Germanen das Reich und erobern Trier bis 431 allein viermal. Für die Bewohner Triers waren diese Kriege furchtbar – doch rückblickend war die geistesgeschichtliche Kontinuität von der antiken zur mittelalterlichen Stadt durch die mittlerweile – zumindest in diesem Teil des Reiches – etablierte christliche Religion gewährleistet. Die Bischöfe stiegen bereits in merowingischer Zeit, seit dem 6. Jahrhundert, zu den neuen Landesherren auf. Um die Mitte des 6. Jahrhunderts restaurierten sie in der Regierungszeit von Bischof Nicetius den antiken Quadratbau (S. 68 f.).

Fragmente wie dieses zeigen, wie die Bögen der Mittelschiffarkade in der frühchristlichen Basilika bemalt waren: Der Innenraum war ähnlich wie die Decke (Foto linke Seite) ornamental dekoriert.

Ein Kompendium der Kunstgeschichte

Trier ist eine *kleine Großstadt* – umso erstaunlicher ist die Fülle atemberaubender Kunstwerke aus allen Epochen, die Menschen in einer Zeit schufen, als Trier unvergleichlich weniger Einwohner als heute besaß. Der Dom besitzt eine Schatzkammer mit kostbaren alten Handschriften, liturgischen Geräten und Goldschmiedearbeiten. Auch der Dom selbst ist seit dem 4. Jahrhundert ein bergender Raum für Kunstwerke vieler Epochen. Nikolaus Irsch nennt ihn daher in seiner grundlegenden Beschreibung 1931 ein *Kompendium der abendländischen Kunstgeschichte*. Persönlichkeiten aus allen Jahrhunderten haben am Dom gebaut, immer mit dem Anspruch, die Kontinuität seit der Antike zu würdigen und fortzusetzen.

Den Maßstab bildete – gleichsam wie ein gewaltiger Würfel – der unter Kaiser Valentinian begonnene und vermutlich unter seinem Sohn Gratian vollendete Quadratbau mit seinen monolithischen Granitsäulen. Diese Säulen stammen aus dem *Felsenmeer* im Odenwald, wo man bis heute den antiken Steinbruch sehen kann.

Bischof Nicetius saniert den Quadratbau

Die Jahrhunderte nach der römischen Verwaltung waren unruhig, und der Dom litt wie andere Gebäude auch unter den unterschiedlichen Eroberungskämpfen um die Stadt Trier. Mitte des 6. Jahrhunderts ließ Bischof Nicetius (526/27 bis nach 561) den antiken Gebäudekomplex aus zwei parallelen Basiliken offenbar mit erheblichen Finanzmitteln renovieren. Dazu holte er erfahrene Bauleute aus Italien nach Trier.

Bei der Renovierung des Quadratbaus ließ Nicetius die alten Säulen durch andere alte Säulen ersetzen, die er aus einem der Trierer Tempel aus dem 3. Jahrhundert holte. Heute stehen an ihrer Stelle die vier kreuzförmigen Vierungspfeiler im Dom, die um diese Säulen herum gebaut wurden. Deshalb kann man oben in einem der Vierungspfeiler ein antikes Säulenkapitell von

Der Kreuzgang mit dem Domherrenfriedhof. Neben dem gotischen Chor der Liebfrauenkirche steht das zweigeschossige Kapitelhaus, seit dem 19. Jahrhundert Grablege der Weihbischöfe.

Bauleute von Liebfrauen schufen auch den gotischen Kreuzgang des Domes, den sie etwa um 1270 fertiggestellt hatten. Große Teile des Kreuzgangs wurden nach dem Zweiten Weltkrieg wieder aufgebaut.

Beim Dom türmen sich Baukörper von der Antike bis zum Barock über- und ineinander auf.

dem Tempel aus dem 3. Jahrhundert sehen. Die Mauern des römischen Quadratbaus standen bis zur barocken Umgestaltung des Domes im frühen 18. Jahrhundert fast in voller Höhe! Der so genannte *Domstein* vor der Domfassade ist eine alte Säule aus dieser Zeit.

Von Nicetius ist überliefert, dass er nicht nur den Dom, sondern auch andere Trierer Kirchen reparieren ließ. Generationen später legten jedoch die Normannen im Jahr 882 offenbar die ganze Stadt in Schutt und Asche, wovon die meterdicken Schuttschichten unter der Domgrabung (S. 63 f.) ein trauriges Zeugnis geben.

Der salische Neubau unter Bischof Poppo

Abermals wurden umfangreiche Baumaßnahmen nötig. Diese fanden im 10. Jahrhundert unter den Erzbischöfen Heinrich und Egbert statt. Heinrich war der Erzbischof, der auch im Jahr 958 das Marktkreuz (S. 90) aufstellen ließ. Dies alles waren aufwendige und teure Maßnahmen in großem Stile, die gut erforscht sind und die man am heutigen Dom nachweisen kann. Doch die heutige Gestalt des Domes mit dem salischen Westbau und dem basilikalen Innenraum geht auf die umfangreichen Neubaumaßnahmen unter Erzbischof Poppo von Babenberg zurück, die im frühen 11. Jahrhundert erfolgten.

Ein Meisterwerk der Kreuzgangarchitektur

Generationen später, angefangen wohl unter Erzbischof Johann, der 1212 starb, entstand der bis heute erhaltene gotische Kreuzgang. Im wesentlichen wurde er unter Bischof Theoderich von Wied (bis 1242) gebaut, in dessen Regierungszeit auch andere prominente Baumaßnahmen im Erzbistum stattfanden, etwa der Limburger Dom St. Georg – oder die benachbarte gotische Liebfrauenkirche (S. 76). Die Handwerker von der Liebfrauenkirche, die spätestens um die Mitte des 13. Jahrhunderts fast fertig war, bauten daher auch den Kreuzgang des Domes.

Der liturgisch neu geordnete Raum des 20. Jahrhunderts

Die Kriegsschäden am Dom wurden unmittelbar nach dem Krieg beseitigt, und seit 1959 begann man mit den Sicherungsmaßnahmen. Parallel dazu wurden auf dem Domfreihof und im Inneren des Domes und der Liebfrauenkirche archäologische Untersuchungen durchgeführt. Bei diesen Grabungen fand man jenen erwähnten kaiserlichen Palast, den genauen Mauerverlauf der antiken Doppelkirchenanlage und spektakuläre Funde wie die vielen Fragmente jenes berühmten Deckengemäldes (S. 65), das die Restauratoren des Bistums in jahrzehntelanger Arbeit rekonstruieren konnten, und das vielleicht auch zu dem kaiserlichen Palast gehört haben könnte.

Um interessierten Besuchern einen Eindruck von dem komplizierten Ineinander- und Übereinander der vielen Bauphasen des Domes zu vermitteln, baute man ein anschauliches Modell, das im benachbarten Dom- und Diözesanmuseum einen Eindruck von der langen Baugeschichte des Domes vermittelt.

Erst später, in den Jahren zwischen 1968 und 1975, wurde auch der Innenraum des Domes unter der Leitung der Kölner Architekten Gottfried Böhm und Nikolaus Rosiny gesichert, restauriert und vor allem der Altarraum nach der liturgischen Erneuerung des Zweiten Vatikanischen Konzils von 1963 gänzlich neu geordnet. Seither bildet das liturgische Geschehen am Altar nicht nur den geistigen, sondern auch den *räumlichen* Mittelpunkt des katholischen Gottesdienstes. Um für die Gemeinde, die nunmehr um dieses zentrale Geschehen herum versammelt ist, sichtbar zu sein, wurde der neue Altar 1974 aus dem Chor in die Mitte der Vierung vorgezogen und auf ein Podest gestellt.

Der Raum wird heute ganz wesentlich von einer hauchdünnen, leicht rötlichen Schlämme bestimmt, unter der die baugeschichtlichen Befunde auf dem Mauerwerk sichtbar bleiben.

Von den romanischen Chorschranken, die um 1190/95 errichtet wurden, sind heute nur noch die Seitenteile mit ihren auffälligen schwarzen Rundbogenflächen erhalten, während der westliche Lettnerteil – zum Mittelschiff hin – bei der barocken Öffnung des Chores nach 1717 abgebrochen wurde.

Der neue Altarraum in der Vierung wurde bis 1974 neu gestaltet: Der Altar steht nun in der Mitte der Gemeinde. Das künstlerische Programm entwickelten Jochen Peschau und die Kölner Bildhauer Elmar Hillebrand und Theo Heiermann, die auch die Orgel von Johannes Klais mitgestalteten.

Zur liturgischen Neuordnung gehört auch, dass der Blick in die Heilig-Rock-Kapelle im Scheitel des Chores wieder geöffnet wurde. Über der Renaissancekanzel, die Johann Ruprecht Hoffmann (S. 92/93) bis 1572 schuf, schwebt die Orgel von 1974. Am linken (nördlichen) Pfeiler der Kreuzaltar von 1687.

Die Heilig-Rock-Kapelle

Als man den Chorraum des Domes in den 1970er Jahren liturgisch neu ordnete, bezog man auch die barocke Heilig-Rock-Kapelle wieder in den Raum ein. Dieser Kapellenbau mit dem zum Chor gerichteten Tribünenaufbau war nach 1700 gebaut worden, um den Pilgern den *heiligen Rock*, die kostbare Reliquie des Domes, hinter einer als Wolkenfenster gestalteten Öffnung hängend zu zeigen. Doch das empfindliche alte Textil musste schon lange liegend aufbewahrt werden – zum Nachteil der Pilger. 1974 öffnete man den Durchblick durch das Wolkenfenster wieder. Seitdem wird der heilige Rock in einem Holzschrein unter einem Glaszelt aufbewahrt. Auch außerhalb der eigentlichen *Heiligrocktage* kann man nun vor das durchsichtige Gitterportal der Heilig-Rock-Kapelle treten.

Vielen Christen ist der Trierer Dom vor allem als Pilgerziel der Heilig-Rock-Wallfahrten bekannt. Diese Reliquie ist der Legende nach das Gewand Jesu Christi, das im Neuen Testament als Kleidungsstück beschrieben wird, das ohne Naht in einem Stück gewebt wurde. Die Frühgeschichte des heiligen Rocks baut auf der Überlieferung auf: Für das Jahr 1196 ist belegt, dass die Reliquie aus dem Westchor in den Ostchor übertragen wurde; am 1. Mai vollzog Erzbischof Johann I. die Altarweihe im neuen Ostchor und ließ die Tunika Christi in den neuen Altar einschließen. Erst drei Jahrhunderte später ließ Kaiser Maximilian 1512 den Altar öffnen, um die Reliquie zu präsentieren. Damit begründete er die Heiligrockwallfahrten.

Durch den Besitz dieser physischen Verbindung zu den Ursprüngen des Christentums stieg das Kurfürstentum Trier gegenüber seinen mächtigen Konkurrenten in Mainz und vor allem in Köln – mit den Reliquien der *heiligen drei Könige* im Dom – zu einem mindestens ebenso wichtigen Wallfahrtsort auf. Die Erzbischöfe von Mainz, Trier und Köln waren in Personalunion zugleich Kurfürsten.

Die barocke Heilig-Rock-Kapelle wurde bis 1708 an den romanischen Ostchor angebaut. Der Überlieferung nach verdankt sich die Reliquie des *heiligen Rocks* der Mutter Kaiser Konstantins, der heiligen Helena. Ihr Haupt wird in einem modernen Büstenreliquiar von Theo Heiermann in der Ostkrypta des 12. Jahrhunderts verehrt.

Trier besitzt neben dem *heiligen Rock* im Dom in der Abtei St. Matthias das einzige Apostelgrab in Nordeuropa und nimmt seit Konstantinischer Zeit einen hohen Rang unter den deutschen Bischofsstädten ein.

Der Barock will das Heilige sichtbar machen

Die Legende verlegt die Ursprünge des heiligen Rocks in die Antike, in das Konstantinische Kaiserhaus. Nach dieser Erzählung war es die Mutter des Kaisers Konstantin, die ins *heilige Land* pilgerte und von dort mehrere Reliquien nach Trier brachte. Legenden wollen Glaubensinhalte vermitteln – sie wollen keine historischen Tatsachenberichte sein. Vor allem in der Zeit des Barock versuchte man, religiöse Vorstellungen so anschaulich wie möglich zu präsentieren.

Der Steigerung des Raumes hin zur Heilig-Rock-Kapelle stand der romanische Lettner (S. 70/71) im Wege, der den Blick versperrte. Er wurde daher abgebrochen. Nur die Seitenteile stehen heute noch.

Eine geschwungene, mit Putten und Marmorkugeln geschmückte Treppenanlage im Domchor ermöglicht es, dass man in die Heilig-Rock-Kapelle blicken kann.

Die Architektur der Heilig-Rock-Kapelle

Erzbischof Johann Hugo von Orsbeck beauftragte 1687 den Bildhauer und Architekten Johann Wolfgang Fröhlicher, der in Frankfurt am Main seine Werkstatt betrieb und ganz in der Formenwelt des römischen Barock lebte, mit der Umgestaltung des Dom-Ostchores. Nach Fröhlichers Tod im Jahr 1700 baute der kurfürstliche Hofbaumeister Honorius Ravensteyn bis 1708 nach dessen Tonmodell die vor den bestehenden Ostchor angesetzte Heilig-Rock-Kapelle fertig.

Unten an den Treppenaufgängen stehen im Chor die Gründergestalten der Tradition, Kaiser Konstantin und seine Mutter Helena. Über eine Treppe steigt man auf eine bühnenähnliche, prachtvolle Tribüne. Von dort kann man seit 1974 wieder in die Heilig-Rock-Kapelle schauen. Die barocke Präsentation orientiert sich an zeitgenössischen Meisterwerken – erinnert sei an Vorbilder in Turin und an Berninis dramatische Inszenierung der Cathedra Petri für St. Peter in Rom.

Die barocke Umgestaltung des Doms

Vor den umfangreichen Barockumbauten war der alte Dom selbst kaum verändert worden – abgesehen von der Erhöhung des Glockenturms als Reaktion auf den aufgestockten Turm der Bürgerkirche St. Gangolf (S. 90). Ansonsten blieb der salische Dom – im Unterschied zu Liebfrauen – jahrhundertelang fast unverändert bestehen. Erst als man den Gläubigen im späten 17. Jahrhundert die wertvolle Reliquie des heiligen Rocks in einem prachtvollen Rahmen präsentieren wollte, löste man größere Baumaßnahmen aus. Ein Brand im Jahr 1717 beschleunigte die Umbaupläne.

Was man besonders beklagte, waren die düsteren Lichtverhältnisse im Dom. Nachdem man die Heilig-Rock-Kapelle fertig gebaut und den romanischen Lettner zum Schiff hin abgerissen hatte, sorgte man daher durch umfangreiche Maßnahmen dafür, dass der gesamte Dom heller wurde: Man trug die oberen Mauerteile ab, um Lichtgalerien zu schaffen. In einem Joch entfernte man die alten Seitenschiffgewölbe, mauerte ein Querschiff auf, und baute dann in entsprechender Höhe wieder ›gotische‹ Gewölbe ein.

Durch dieses Querschiff wurden die bis dahin erhaltenen antiken Mauern des Quadratbaus um mehrere Meter abgetragen. An der Nordfassade kann man ablesen, an welchen Stellen die römischen Fenster zugesetzt und die Fenster des 18. Jahrhunderts eingesetzt wurden (S. 64). Den Auftrag, auf diese Weise die Lichtverhältnisse im Dom zu verbessern, hatte der kurfürstliche Hofbaumeister Hans Georg Judas 1723 erhalten.

Grabaltäre erzählen Personengeschichte

Das 18. Jahrhundert war rückblickend das letzte Jahrhundert, in dem die Trierer Fürstbischöfe ihre ganze Pracht und Fülle auch künstlerisch darstellen konnten, bevor die Französische Revolution 1789 das Ende der alten Reichsordnung einläutete; mit dem Einmarsch der Revolutionstruppen endete 1794 die kurfürstliche Regierung links des Rheins – doch in den wenigen Jahrzehnten davor hinterließen die Erzbischöfe im Trierer Dom prachtvolle Altäre, die oft als Grabmale dienten.

Im Trierer Dom kommen die Grabmale aus unterschiedlichen Jahrzehnten durch die jüngste Raumumgestaltung der 1970er Jahre gut zur Geltung. Durch die nur dünn geschlämmten, nicht bemalten oder auf andere Weise geschmückten Wände stehen die im Dom aufgestellten Ausstattungstücke, Grabmale und Altäre vor einem sphärisch wirkenden Grund.

In der alten Bischofskirche sind Grabmale von der Renaissance bis zum Klassizismus erhalten. Dadurch kann man hier wie in einem Lehrbuch die Kunstepochen nachvollziehen. Zugleich wird durch die Grabmalskunst die Geschichte der Persönlichkeiten lebendig, die Trier prägten. So ist beispielsweise der *Auferstehungsaltar* zugleich der Grabaltar für Erzbischof Franz Georg von Schönborn (1729–1756); Schönborn ist jener Bischof, der 1734 den barocken Neubau von St. Paulin finanzierte (S. 118), dem es aber nicht mehr vergönnt war, die Kirchenweihe persönlich zu vollziehen, weil er vorher starb.

Blick vom Tribünenaufbau vor der Heilig-Rock-Kapelle in das Langhaus und das barocke Querschiff mit dem romanischen Lettner.

Der Westchor des Domes wurde 1668 neu gestaltet. Die Stuckreliefs der Kuppel von Domenico Rossi schildern die Aufnahme Mariens in den Himmel.

Blick ins nördliche Seitenschiff: Im Hintergrund hinter der Kanzel und dem *Auferstehungsaltar* (1759) der Grabaltar für Bischof Johann von Schönenburg, dessen Aufbau 1717 entstand.

Die gotische Liebfrauenkirche

Die Liebfrauenkirche ist eines der frühesten gotischen Baudenkmale in Deutschland. Ihr Schicksal will es jedoch, dass dieser so einheitliche, qualitätvolle und bald 800 Jahre alte Kirchenbau, der allein schon einen Besuch von Trier wert wäre, *neben* dem Dom steht – und deshalb in vielen Darstellungen zu kurz kommt.

Die Liebfrauenkirche entstand zeitgleich wie die Elisabethkirche in Marburg. Details wie die zweibahnigen Maßwerkfenster zeigen die enge architektonische Verwandtschaft dieser ersten gotischen Bauten in den deutschen Landen. Der Bau von Liebfrauen musste nach etwa fünf bis sieben Jahren zunächst unterbrochen werden, konnte aber durch eine Baukollekte nach den ursprünglichen Plänen zügig fertig gebaut werden.

Alles ist an diesem Bau hochwertig, angefangen von der Grundform als einer der seltenen gotischen Zentralbauten in Form eines Kreuzes, bis hin zu jeder einzelnen Skulptur über dem Westportal.

Für dieses spektakuläre Bauunternehmen musste man Anfang der 1230er Jahre zunächst einmal alles abtragen, was bis dahin an dieser Stelle stand – und das war viel. Dennoch ist der genaue Baubeginn dieses spektakulären Kirchengebäudes nicht überliefert. Man weiß jedoch, dass Liebfrauen unter Erzbischof Theoderich II. etwa um das Jahr 1230 begonnen und unter dessen Nachfolger Arnold vollendet wurde. Die Vierungsgewölbe über dem mehr als 35 Meter hohen Raum waren spätestens im Jahr 1253 geschlossen. Die den Bauplänen für Liebfrauen zugrunde liegende Maßeinheit ist das Vierungsquadrat.

In der ›Mode der Zeit‹ gebaut

Wie es in einem Lehrbuch über Bauphasen nicht klarer gezeigt werden könnte, steht die gotische Kirche gleich neben der romanischen. Kräftig und breit gelagert, mauerhaft, eben ganz in der antiken Bautradition behauptet sich der Dom – filigran, schlank und nach

oben drängend wirkt die Liebfrauenkirche. Beide Bauten sind durch das *Paradies* miteinander verbunden; durch diesen Gang kann man innen leicht von einer Kirche in die andere gelangen.

Hinter dieser neuen, im französischen Königsgebiet der Île-de-France um Paris entwickelten Bauform stehen gänzlich neue Raumvorstellungen, neue Bautechniken und eine durchorganisierte Baustelle. In der Gotik geht es vor allem um die Raumwirkung, weniger um den Außenbau. Durch haushohe, farbig verglaste Fenster, deren Farbenpracht durch das Sonnenlicht auf die Säulen und Wände des Raumes projeziert wird, scheint der Raum zu schweben. In Liebfrauen wird das verwirrende Spiel aus aufstrebenden Säulen durch die Zentralbauform noch verstärkt. Der Raumanspruch der Gotik ist auf suggestive Weise auf das sinnliche Erleben des Kirchenbesuchers gerichtet. Man stelle sich zu dem verwirrenden Farbenspiel die Musik vor, den Duft von Weihrauch, dazu Musik, Gesang, bestickte Gewänder und goldenes Messgerät – alles dies zusammen steigert das Geheimnisvolle des liturgischen Geschehens am Altar zu einem mystischen Erlebnis.

Während man beim Dom, beginnend mit dem römischen Quadratbau, die Kontinuität seit der Antike ablesen kann, baut man hier um 1230 etwa völlig Neues. Bis zu diesem Zeitpunkt hatten der Dom und die Liebfrauenkirche eine Einheit gebildet. Immerhin steht die neue Liebfrauenkirche auch auf römischen Fundamenten, und unter der Kirche fand man jene antike Chorschranke mit den Graffiti, durch die man die Grabungsbefunde einem christlichen Bauzusammenhang zuordnen konnte.

An dieser Stelle war die romanische Basilika jedoch zu Beginn des 13. Jahrhunderts so baufällig, dass man sich für einen Neubau entschied, und zwar für einen radikalen, in der ›Mode der Zeit‹. Man wollte ein ganz neues Raumerlebnis. Dazu holte man sich Baumeister aus dem Kernland der Gotik, Franzosen.

Harmonierende Kontraste: Die salische Fassade des Domes neben der zwei Jahrhunderte jüngeren gotischen Liebfrauenkirche.

Liebfrauen ist ein Zentralbau. Hohe gotische Fenster mit farbigem Glas tauchen den Raum mit seinem ›Säulenwald‹ in ein überirdisch anmutendes Farbenspiel.

Die meisten Gäste Triers gehen vom Hauptmarkt über den Domfreihof in den Dom und die Liebfrauenkirche – jährlich etwa eine Million Menschen. Doch gleich hinter diesem berühmten Bauten-Ensemble wird es still. Hier verlaufen die von hohen Mauern gesäumten, bezaubernden alten Gassen der Domfreiheit.

Hinter diesen hohen Mauern liegen die alten Kurien der Domherren mit ihren Höfen und Gärten. Ihre Geschichte reicht teilweise tausend Jahre zurück, in ihren Grundmauern, Kellern und Kapellen steckt oft noch romanische Bausubstanz.

Die Fotografien dieser Seiten zeigen die Predigergasse und die Ecke Predigergasse / Banthusstraße. In keiner Stadt in Deutschland ist der Charakter einer Domstadt noch so gut erhalten geblieben. Auch diese alten Mauern wären dem Modernisierungsdruck der 1970er Jahre geopfert worden, wenn sich nicht die Bischöfliche Denkmalpflege vehement dagegen gewehrt hätte.

Eine Stadt in der Stadt

Fast ein Jahrtausend lang bildete der Dom mit dem Domfreihof den Mittelpunkt der so genannten *Domfreiheit* oder auch *Domimmunität*, einer juristisch eigenständigen *Stadt in der Stadt*. Die Mauer um diese Domstadt wird der Bischof spätestens nach dem Normannenüberfall im Jahr 882 begonnen haben, um dieses Stadtviertel in Zukunft wirksamer zu schützen. Fertig war die Mauer wahrscheinlich, als der Bischof im Jahr 958 auf dem benachbarten Marktplatz seiner Bürgerstadt ein Marktkreuz (S. 90) errichten ließ; deshalb kann man davon ausgehen, dass die bischöfliche Mauer um den Dom herum seit dem 9. oder 10. Jahrhundert bestand. Diese ringförmige Befestigung der Domstadt wurde nach Helena, der Mutter von Kaiser Konstantin, *Helenenmauer* genannt.

Die Mauer selbst ist weitgehend verschwunden, doch ihr Verlauf ist noch an den Straßenzügen ablesbar, die ein unregelmäßiges Oval beschreiben: Die Mauer verlief vom Hauptmarkt über die Glockenstraße, Flanderstraße, Dominikanerstraße, Eulenpfütz, Banthusstraße, Palaststraße und Grabenstraße. Selbstverständlich waren nicht nur der Dom und die Domkurien, sondern vor allem auch das Palatium (S. 44), die Residenz der Erzbischöfe, von der Helenenmauer geschützt. Die Sternstraße, die den Domfreihof mit dem Hauptmarkt verbindet, konnte der Erzbischof durch ein Tor schließen lassen.

Die Domstadt lag damit als geistliches Zentrum gleich neben dem ökonomischen und sozialen Zentrum der Bürgerstadt mit dem Marktplatz (S. 90). Zur Domimmunität gehören die Domkurien, in denen die Mitglieder des Domkapitels wohnten. Einige der alten Kuriengebäude existieren noch.

In ihren Kellern ist meist noch romanische Bausubstanz erkennbar, während die Gebäude selbst oft im 17. und 18. Jahrhundert erweitert und modernisiert wurden. Deshalb besitzen einige Kurienhäuser heute noch eine barocke Ausstattung. Im Unterschied zu einem Bürgerhaus ist ein Kurienhaus nicht zur Straße ausgerichtet, sondern steht am Ende des Hof- oder Gartengrundstücks und wird durch eine Mauer abgeschirmt. Bei einem Gang durch die stillen Gassen sieht man daher von den Kurien nur die Portale. Dennoch lohnt es sich sehr, durch die schmalen Straßen zu laufen, denn nur in wenigen Städten in Deutschland kann man ein Gefühl dafür bekommen, wie ein solches Stadtviertel vor Jahrhunderten gewirkt haben mag, ein Viertel, dessen Leben sich hinter den Mauern im nicht einsehbaren Inneren des Quartiers abspielte – ähnlich wie in der Römerzeit. In der Antike wirkten die Insulae von außen als großer Block, während sich in den Innenhöfen das Leben abspielte. Dank der kirchlichen Denkmalpfleger sind die alten Gassen frei von modernen Verkehrsschildern und parkenden Autos.

Zu den Kurien gehört auch die *Kurie von der Leyen*, deren Garten für die Dom-Information bebaut wurde. Im Eckgebäude am Domfreihof/Ecke Sternstraße steht der Walderdorffsche Hof, nach dem der Gebäudekomplex *Palais Walderdorff* (S. 82) benannt ist.

Palais Kesselstatt

Tier ohne Wein – das ist genauso unvorstellbar wie Trier ohne Römer. Spätestens in der römischen Antike beginnt an den Moselhängen von Trier der systematisch kultivierte Weinbau. Der Weinlehrpfad am Petrisberg und viele Weingüter im Trierer Land erklären die spezifischen Eigenheiten des Moselweinbaus, der hier – wie an der nahe gelegenen Saar und am Rhein – häufig in Steil- und Steilstlagen angebaut wird.

Auch das Palais Kesselstatt ist untrennbar mit dem Weinbau verbunden. Das Anwesen an dieser markanten Stelle in der Domstadt gehörte der in Kurtrier seit mindestens 700 Jahren ansässigen Adelsfamilie von Kesselstatt, deren (männliche) Mitglieder wie die mit ihnen befreundete Adelsfamilie Walderdorff über Generationen hinweg einfussreiche Ämter in Kirche und Staat bekleideten. Unter dem Barockgebäude befindet sich ein alter Weinkeller mit mehr als 4300 Quadratmetern Fläche, in dem – wie in den meisten Kellern der Altstadt – noch die römischen Mauern stecken. In diesem Falle gehörten sie zu einer römischen Glasbläserei. Die weit verzweigten Kellergänge führen unter der Nachbarbebauung und der Liebfrauenstraße bis zum ehemaligen Franziskanerinnenkloster St. Afra, heute ein Wohnhaus in der Liebfauenstraße. In den Kesselstattschen Gewölbekellern liegen mehrere hundert Fuderfässer.

Stadtpalais Kesselstatt und Weinstube

Daher kann man es den Genießern unter den Triergästen nicht verübeln: Beim Namen *Kesselstatt* denken viele einfach nur an allerbeste Weinlagen und ein hervorragendes Restaurant. Gleich neben dem Restaurant im barocken Palais Kesselstatt wird die *Weinstube Kesselstatt* betrieben, deren Terrasse dem Bauten-Ensemble aus Liebfrauenkirche und Dom unmittelbar gegenüber liegt.

Wer sein Palais so nah am Dom baut, innerhalb der bischöflich-kurfürstlichen Mauern, ist entweder Wein-

Neben dem *Palais Kesselstatt* liegt die *Weinstube Kesselstatt* mit Terrasse. Im Hintergrund die Dom-Information, dahinter klein das Kassengebäude und das Portal *Geel Box* als Nordabschluss des Domfreihofs.

Eine städtebaulich reizvolle Situation entsteht, wo die Liebfrauenstraße sich verengt und auf den Domfreihof zuführt. Links das Palais Kesselstatt, rechts das abgeknickte Bischöfliche Palais, das aus zwei Kurien aus dem 18. Jahrhundert entstand. Seine Tordurchfahrt wird von einem Wappen bekrönt. Im Keller wurde die romanische Bischofspfalz nachgewiesen.

großhändler oder Mitglied der Domkurie. Reichsgraf von Kesselstatt war beides, er war der offiziell bestellte Verwalter der Kurfürstlichen Weingüter.

Im Jahr 1746 ließ er sich von dem Mainzer Architekten und Ingenieur Johann Valentin Thoman (1695–1777) gegenüber von Bischöflichem Palais und Dom ein prachtvolles Stadtpalais bauen, das als Thomans Hauptwerk gilt. Thoman war damals bereits ein ebenso gefragter wie im Kirchen- und Wohnbau erfahrener Baumeister, der sich in Trier, Mainz und Speyer einen Namen gemacht hatte. Für Kesselstatt entwirft er ein schlossähnliches Eckgebäude mit kurzen Flügeln und wölbt die Fassade des Mittelrisaliten leicht vor, so dass vor dem Palais eine kleine Platzsituation entsteht. Nachdem das Palais Kesselstatt und seine Nachbargebäude im Zweiten Weltkrieg völlig ausbrannten und auch sein Treppenhaus zerstört wurde, entschied man sich, nur die Fassade mit der Tordurchfahrt zu rekonstruieren.

Die Kesselstatts waren Ministerialen, die aus Kesselstadt kamen, seit 1907 ein Stadtteil in Hanau (Hessen). Seit Johann Moir von Kesselstatt 1365 als Burgvogt von Montabaur in den Dienst des Trierer Erzbischofs und Kurfürsten Kuno von Falkenstein trat, stiegen die Kesselstatts in Kurtrier gesellschaftlich auf. Als Familienstammsitz dient bis heute Schloss Föhren, während Schloss Marienlay in Morscheid Sitz des Weinguts *Reichsgraf von Kesselstatt* ist. Seit dem 16. Jahrhundert bekleiden die Kesselstatts immer wieder Ämter im Domkapitel und als Domherren, so auch der wohlhabende Oberamtmann Karl Friedrich Melchior Graf Kesselstatt, der 1740 dieses Stadtpalais in Auftrag gab.

Übrigens: Der Domherr Johann Philipp Franz Graf von Kesselstatt war ein enger Freund von Philipp Franz von Walderdorff, dem Neffen des Kurfürsten. Beide Geistliche waren kritische Geister, sie sympathisierten als Illuminaten und Mitglieder der Lesegesellschaft (S. 137) mit der Aufklärung.

Das Palais Kesselstatt wurde ab 1740 von dem Mainzer Baumeister Johann Valentin Thoman geschickt in eine städtebauliche Ecksituation hinein gebaut. Es brannte 1944 völlig aus.

Palais Walderdorff

Der Name Walderdorff ist in Trier seit Jahrhunderten bekannt – heute verbinden viele Trierer damit ganz praktisch ›ihre Stadtbücherei‹ im *Palais Walderdorff*. Unter diesem Namen wird seit 1963 ein ausgedehnter Baukomplex von mehreren Barockhäusern zusammengefasst, der den Domfreihof abschließt und sich entlang der Sternstraße bis zum Hauptmarkt erstreckt.

Zu diesem Bauten-Ensemble gehören mehrere Gebäude, die im Krieg stark beschädigt wurden. Vor allem die ehemalige Hauptwache von 1775 am Hauptmarkt – heute Bekleidungshaus – besitzt nur noch die Fassade. An der Ecke Sternstraße/Domfreihof steht das eigentliche, namengebende Palais Walderdorff. Daneben schließt sich die Dompropstei von etwa 1845 an, auch *Kurie Jerusalem* genannt. Durch das zwischen den beiden liegende Portal gelangt man in den Hof, an dessen Stirnseite sich der (wieder hergestellte) *Turm Jerusalem* aus der Zeit um 1100 erhebt.

Sanierte Fassaden, neue Innenarchitektur

Der Stadtrat beschloss im Jahr 1996 die zukünftige Nutzung des Palais Walderdorff als *Generationenübergreifendes Informations- und Kommunikationszentrum der Stadt Trier*. Dazu verkaufte es die Stadt im November 1997 zum symbolischen Preis von einer Mark an die Nikolaus-Koch-Stiftung, die diese Pläne realisierte. Wichtig war den Beteiligten, dass an diesem Ort am Domfreihof private und öffentliche Nutzungen gemischt würden und der Gebäudekomplex auch nach Geschäftsschluss belebt ist. Seit dem Jahr 2000 wird das neue, allerdings weitgehend entkernte Gebäude-Ensemble entsprechend genutzt.

Die Nikolaus-Koch-Stiftung wurde von dem gleichnamigen Verleger der Trierischen Tageszeitung, dem *Trierischen Volksfreund*, gegründet. Nikolaus Koch und seine Frau Luise stellten 1993 ihr Vermögen für gemeinnützige Zwecke zur Verfügung. Sie wollten damit Kinderheime und Behinderte unterstützen und jungen Menschen eine Weiterbildung ermöglichen.

Dank ihrer Stiftung bietet das Palais Walderdorff außer der Kombination von Stadtbibliothek und Volkshochschule eine Anlaufstelle für Menschen, die in Not sind oder selbst Hilfe organisieren wollen. Dazu zählen verschiedene gemeinnützige Vereine, wie der in der Kinder- und Jugendhilfe aktive Verein *Palais e.V.*, der Ansprechpartner für Selbsthilfegruppen *SEKIS*, das *Seniorenbüro Palais Walderdorff*, das *Haus der Gesundheit e.V.* und weitere Beratungsdienste. Außerdem betreibt hier *Radio RPR* seine Studios, und die Galerie der *Gesellschaft für Bildende Kunst e.V.* organisiert Ausstellungen. Im Turm Jerusalem kann man heiraten; es gibt mehrere Restaurants und einen Weinkeller.

Ein Palais der Familie Walderdorff

Die weit verzweigte Familie Walderdorff geht auf eine rheinländisch-fränkische Ritterfamilie zurück, die seit dem 13. Jahrhundert urkundlich nachweisbar ist. Als Stammsitz der Walderdorffs gilt bis heute Schloss Molsberg im Westerwald. Für Trier war vor allem der Fürstbischof Johann Philipp von Walderdorff wichtig,

Der nach der *Kurie Jerusalem* benannte *Turm Jerusalem* ist seit dem Jahr 2000 wieder als Wohnturm (vgl. Frankenturm, S. 84) erkennbar und wird als Standesamt genutzt.

Geel Box, gelbe Hose, nennen die Trierer das Torhaus der Nachtigallenkurie, das um 1780 entstand.

der von 1756 bis 1768 regierte. Außer diesem Palais aus dem Jahr 1765/66 hatte er fünf Jahre zuvor den Südflügel des Kurfürstlichen Palais (S. 52) bauen lassen.

Auch sein Neffe, Philipp Franz Wilderich Nepomuk Graf von Walderdorff, hinterließ Trier ein wichtiges Baudenkmal, Schloss Monaise (S. 134). Neben seinem Freund, Graf Kesselstatt, zählt Walderdorff zu den frühen Vertretern der Aufklärung in der Stadt. Die Platzfront des Palais Walderdorff wurde 1877 durch den Vorbau stark verändert.

Die Preußische Regierung hatte das Anwesen bereits 1815 mit dem Nachbargebäude, der Dompropstei, verbunden, um aus zwei Palais ein einziges Bezirksregierungsgebäude zu machen. Die jüngste Sanierung setzte diese Zusammenlegung von alten Nachbarhäusern für zeitgenössische Neunutzungen fort.

Das Palais Walderdorff und die Dompropstei wurden 1815 von den Preußen zu einem großen Baukomplex verbunden.

Frankenturm

Bei Trier denkt man an Römer. Das ist richtig, denn hier gab es mehr römische Großbauten als irgendwo sonst im heutigen Deutschland. Doch durch das Fokussieren der Stadtwerbung auf die ›große römische Vergangenheit‹ geraten in Trier gelegentlich andere sensationelle Bauwerke in den Hintergrund. *Sensation* ist nicht übertrieben, weil Trier bedeutende mittelalterliche Gebäude besitzt – und zwar Originale. Eines dieser besonderen, acht Jahrhunderte alten Gebäude ist der Frankenturm.

Dieser heute etwa 18 Meter hohe Wohnturm steht in unmittelbarer Nähe des Hauptmarkts, in der Dietrichstraße 6. Der Turm gehört der Stadt, die das abgewohnte Gebäude unterhielt, das nach einigen Besitzerwechseln im 19. Jahrhundert mehr schlecht als recht als Lager eines Metzgers und eines Weinhändlers diente, schließlich seit 1914 leer stand und das seitdem niemand freiwillig übernehmen wollte. Das Problem bestand darin, dass man keine geeignete Nutzung für den alten Turm finden konnte. Wie auch? Der Turm besitzt nur kleine Fensteröffnungen aus dem Mittelalter, die man nicht vergrößern darf. Für Büros, Ladenlokale oder gar zum Wohnen war er dadurch denkbar ungeeignet. Auch mit einer kleinen Hauptgeschossfläche von nur 84 Quadratmetern ist wenig anzufangen, wenn man nicht auf Nebengebäude oder ein dazu gehörendes Grundstück zurückgreifen kann. Ein altes Gebäude dieser Art ist nach heutigen betriebswirtschaftlichen Rechnungen einfach nicht rentabel, es bleibt meist ein Zuschussgeschäft.

Entstehungszeit und Name

Der Frankenturm ist ein Wohnturm, der noch in seiner *originalen* Bausubstanz erhalten *und* als *Turm* zu erkennen ist. Leider gibt es keine schriftlichen Quellen, die Aufschluss darüber geben, wann der Frankenturm eigentlich gebaut wurde. Die erste urkundliche Nachricht über ihn ist aus einer Zeit erhalten, als er schon 200 Jahre alt gewesen sein dürfte: Im Jahr 1298 wird in einer lateinisch abgefassten Urkunde erwähnt, dass ein Turm in der Dietrichstraße, in Latein: »in vico Theodorici«, steht. Wenn man also heute annimmt, dass der Frankenturm um das Jahr 1100 entstand, basiert diese Datierung auf stilistischen Rückschlüssen, die auf Vergleichen beruhen.

Demnach entstand er mindestens 120 Jahre früher als das schon ›modernere‹, schmuckreichere *Dreikönigenhaus* (S. 98), ebenfalls ein Wohnturm, der damals *Haus zur Säule* genannt wurde. Auch der Frankenturm wird erst seit ein paar Generationen *Frankenturm* genannt. Der Name hat nichts mit den Franken zu tun, sondern mit einem Turmbewohner, dem Ritter *Franco von Senheim*, der um das Jahr 1300 hier gewohnt hatte. Dennoch hieß der Turm zu dessen Zeit anders: In einer Schenkungsurkunde ist im Jahr 1330 von einer *Caminata nova* die Rede, 1543 einfach von einem *Haus zum Turm*, an anderen Stellen vom *Heidenturm* oder *Römerturm*. Noch Mitte des 18. Jahrhunderts wird in Adressbüchern der *Heidenturm* erwähnt, und auch 1881 ist ein Metzger namens Matthias Friedrich der Eigentümer dieses *Heidenturms*.

Mittelalter aus römischen Steinen

Die alten Wohn- und Geschlechtertürme, wie es sie bis heute in der Toscana, in Rom und in einigen deutschen Städten gibt, prägten im Mittelalter die sich wieder entwickelnden jungen Städte. Damals lag der Eingang nicht im Erdgeschoss, sondern – viel besser geschützt – in der darüber liegenden Wohnebene und war oft über eine hölzerne Treppe oder eine leiterähnliche Konstruktion zugänglich – man fühlt sich an römische Wachttürme am Limes erinnert. Wie beim Frankenturm jedoch die Treppensituation aussah, weiß man nicht.

Die mehr als sechs Kilometer lange römische Stadtmauer gab es zur Bauzeit des Frankenturms noch, der Zustand wird aber als *baufällig* überliefert und war viel zu weiträumig für eine Stadt, deren Einwohnerzahl stark gesunken war. Es sollte um 1100 noch mehrere Generationen dauern, bis die Trierer ihre neue Stadtmauer vollendet hatten – dies geschah erst unter Erzbischof Arnold von Isenburg nach 1248. Bis dahin setzten wohlhabende Familien der Oberschicht auf wehrhafte Wohntürme. Inwieweit der Frankenturm auch gegenüber den Konkurrenzfamilien in Trier selbst wehrhaft wirken musste, kann man nur vermuten.

Einen Turm wie diesen lässt sich nur ein wohlhabender, mächtiger Bauherr errichten, und zwar möglichst aus alten römischen Quadern. Römische Steine waren im mittelalterlichen Trier reichlich vorhanden, viele Gebäude standen leer und waren baufällig geworden. Nicht nur der gesamte Sockel des Frankenturms besteht aus nahezu fugenlos vermauerten, sorgfältig bearbeiteten römischen Sandsteinen und Jurakalksteinen; der ganze Turm ist äußerst sorgfältig aus römischen und jüngeren Steinen gemauert. Mehr noch: Dem Bauherrn ging es nicht nur darum, solides Baumaterial zu verwenden, sondern er wollte offenbar auch demonstrieren, dass er sich ganz in der Tradition der Römerbauten in Trier sah: Hier wie dort ist die

Der Frankenturm ist ein mittelalterlicher Wohnturm der Zeit um 1100, der nur wenige Schritte vom Hauptmarkt entfernt steht und seit Frühjahr 2007 saniert ist.

Mauerfläche horizontal von doppelten Lagen aus römischen Ziegeln gegliedert. Was aussehen soll wie römisches Mauerwerk, funktioniert jedoch nicht wie dieses, denn die Ziegellagen hat man nicht durchgängig eingemauert, sondern sie wurden sorgfältig als Fassadenblender eingefügt. Die mittelalterlichen Maurer haben sie als *Ornament* eingesetzt – und keineswegs aus Unkenntnis über ihre *Funktion* in römischer Zeit. Denn Maurer in Trier hatten um das Jahr 1100 genügend Gelegenheiten, an den noch vorhandenen oder verfallenden Römermauern die Mauertechnik zu studieren. Man sollte Handwerkern bei einer derart aufwendigen Mauertechnik wie am Frankenturm unterstellen, dass es ihnen bewusst um Fassaden*gestaltung*, um Ornament ging. Der Bauherr wollte offenbar einen Turm, dessen Mauern *aussahen*, als gäbe es sie seit langem; wir wissen nicht, auf wie viele ähnliche Römermauern er in seiner Nachbarschaft schauen konnte. Mit Sicherheit wird er die nur wenige Gehminuten entfernten mächtigen Ruinen der Kaiserthermen mit ihrem auffälligen Streifenmuster ebenso gekannt haben wie die römische Mauer des *Quadratbaus* (S. 64), die bis heute Teil der Nordfassade des Domes ist.

Wer nutzte den Turm – und wofür?

Wer dieser anspruchsvolle Bauherr war, der sich den Frankenturm als eines der wenigen privaten Steingebäude in der Stadt errichten ließ, weiß man leider nicht; man kann annehmen, dass er zu einer im Dienst des Erzbischofs stehenden Ministerialenfamilie gehörte, also vermutlich ein hochrangiger Politiker auf Reichsebene war.

Genauso wenig weiß man über die Art und Weise der ursprünglich beabsichtigten Turmnutzung: Hat die Familie den Turm dauerhaft oder nur zeitweise bewohnt? Mangels schriftlicher Überlieferung kann man nur die Steine selbst genauer betrachten – wobei man die vielen späteren Umbauphasen bedenken und erst einmal herausfinden muss, wo sich noch originale Steine befinden. Immerhin sind im Hauptgeschoss zwei stattliche Kamine am ursprünglichen Ort zu sehen, die ebenso wie der stellenweise erhaltene Putz darauf hindeuten, dass das Obergeschoss aus mindestens zwei Räumen bestanden haben muss. Doch was bedeutet das für die Frage nach der Raumnutzung? Nicht mehr, als dass es zwei Räume gab, die man beheizen konnte. Wie oft und wie intensiv, kann man nicht sagen.

Ein weiteres Indiz: Unter dem ursprünglichen Eingang zum Hauptgeschoss hat man offenbar später einen neuen Eingang ins Erdgeschoss eingebrochen; diese Stelle ist heute an der jüngeren Vermauerung unter dem verkröpften Stockgesims erkennbar. Auch die schmalen gotischen Fenster zu beiden Seiten dieses Portals erinnern daran, dass man das Erdgeschoss wahrscheinlich bereits im 14. Jahrhundert für etwas genutzt hat, für das man sich mehr Licht wünschte, vielleicht sogar zum Wohnen. Im Inneren war das Erdgeschoss in drei Einzelräume unterteilt.

Inzwischen konnte man archäologisch nachweisen, was die Alltagserfahrung vermuten ließ: Ein repräsen-

tatives Steingebäude wie dieses stand nie einsam und frei in der Landschaft, sondern war immer von Versorgungsgebäuden umgeben, mit denen es funktional untrennbar verbunden war. Neben dem Frankenturm standen Nutzgebäude, Ställe und andere Nebengebäude mit Lagermöglichkeiten, die eine mächtige Familie im 12. Jahrhundert in einem städtischen Gefüge brauchte, um wirtschaften und leben zu können. Man kann sich den Frankenturm als Mittelpunkt einer ausgedehnten Hofanlage vorstellen. Wo heute Wohn- und Geschäftshäuser die Dietrichstraße säumen, und wo seit dem Abbruch des Nachbarhauses in der Dietrichstraße 5 eine Baulücke den Blick auf die Ostfassade des Frankenturms freigibt, standen vor 800 Jahren im Schatten des Turmes verschiedene Nebengebäude. Die Ostseite war nie als bewusste Schaufassade gedacht.

Der Frankenturm steht nicht zufällig in der Dietrichstraße, die gerade auf den nur wenige Schritte entfernten Hauptmarkt (S. 90) und die Domstadt führt.

Der ursprüngliche Hauptzugang des Frankenturms liegt an seiner Ostseite. Über seinem Portal ist ein zweitverwendeter römischer Stein mit Inschrift zu sehen.

Die Sanierung der 1930er Jahre

Seit 1914 – und damit fast ein Jahrhundert lang – hatte der Frankenturm leer gestanden. Alle Versuche, langfristig eine sinnvolle, denkmalgerechte und dabei wirtschaftlich tragbare Nutzung zu finden, hatten sich als wenig sinnvoll erwiesen. Nur in den 1930er Jahren schien sich eine Lösung für eine Nutzung abzuzeichnen, zu der es nicht kommen sollte, weil Deutschland den Zweiten Weltkrieg begann: Damals wollte man den Frankenturm zum NS-Staatsjugendheim umbauen und führte dazu unter der Leitung des Stadtkonservators Friedrich Kutzbach bis 1938 umfangreiche Sanierungs- und Rekonstruktionsarbeiten durch. Dazu gehört, dass Kutzbach den Turm in seiner äußeren Erscheinung an seine Vorstellungen von einem mittelalterlichen Wohnturm anzugleichen suchte. Denn bis zu diesem Zeitpunkt war der Frankenturm um ein Geschoss niedriger als heute; er besaß über dem Hauptgeschoss mit dem doppelten Rundbogenfenster ein provisorisch wirkendes Pultdach aus dem Jahr 1806, das seiner straßenseitigen Fassade eine asymmetrische Schrägansicht verlieh. Dieses Pultdach hatte man gebaut, um den baufälligen Turm zu sichern. Kutzbach entfernte es nun und entwarf stattdessen ein neues Vollgeschoss mit einem Zinnenkranz.

Anders als Kutzbach es vorgesehen hatte, wurde dann jedoch die bis heute bestehende Lösung geschaffen: ein niedriges Mauerband mit Zinnen. Dahinter erhebt sich das Walmdach mit dem Dachstuhl von 1938. Die alten Gerüstlöcher im Inneren des Turmes zeigen, dass Kutzbach die Holzbalkendecken entfernte und die neue Dachkonstruktion höher ansetzte. Dadurch schuf man im Inneren einen repräsentativen Raum, der mit seinem offenen Dachstuhl sehr großzügig wirkt. Wie und in welcher Höhe der Frankenturm ursprünglich abschloss, lässt sich heute nicht mehr feststellen. Deshalb wurde auch bei der jüngsten Sanierung bis zum Jahr 2007 der Kutzbach'sche Dachstuhl als ein Zeugnis der damaligen Denkmalpflege beibehalten.

Zwischen Kutzbachs Rekonstruktionsmaßnahmen der 1930er Jahre und der jüngsten Nutzbarmachung lagen Jahrzehnte, in denen die Stadt den leer stehenden Turm immer wieder instandsetzen musste. So ist es der Stadt zu verdanken, dass nach dem Jahr 2000 das Dach und die Fenster repariert und abgedichtet wurden; bis dahin hatten Generationen von wilden Stadttauben im Turm genistet und mehr als 1,6 Tonnen Taubenkot hinterlassen. Die Stadt ließ die Fenster verglasen und das Dach sanieren. So schuf sie die Voraussetzungen dafür, dass überhaupt an sinnvolle Maßnahmen für eine Neunutzung zu denken war.

Werbung für die Rettung des Turmes

Im Jahr 2005 zeichnete sich endlich eine Lösung ab, die einer Gruppe von besonders engagierten Trierer Persönlichkeiten zu verdanken ist: Die *Trier-Gesellschaft – Gesellschaft zur Erhaltung Trierer Kulturdenkmale e.V.* nahm sich des leer stehenden Turms an. Die *Trier-Gesellschaft* besteht seit 1982 und hat mit ihren rund 270 Mitgliedern in 25 Jahren 78 Einzelmaßnahmen an gefährdeten Baudenkmalen bewirken können.

Die Sanierung des Frankenturms sollte ihr umfangreichstes und anspruchsvollstes Projekt werden, das nach einer kaum einjährigen Bauzeit – der Baubeginn war nach längerer Planungszeit am 14. Juli 2006 – am 14. April 2007 zu einem glücklichen Ende kam, weil es gelungen war, in der Stadt eine Öffentlichkeit zu schaffen. Die Turmsanierung war ein Stadtgespräch, und viele Bürgerinnen und Bürger spendeten für die Rettung des überregional bekannten Turms.

Die wichtigste Tageszeitung der Region, der *Trierische Volksfreund*, unterstützte die Werbung für die Turmrettung nach dem europaweit organisierten *Tag des offenen Denkmals* im September 2005 durch viele Spendenaufrufe und Berichte über den Fortgang der Sanierung. Immerhin war die Redaktion der 1875 gegründeten Tageszeitung viele Jahre lang direkter Nachbar des Frankenturms, bevor sie größere Räumlichkeiten bezog.

Reversible Einbauten im Turm

Nur durch diese gemeinsame, aufeinander abgestimmte Öffentlichkeitsarbeit der *Trier-Gesellschaft* mit dem *Trierischen Volksfreund* gelang die zügige Sanierung. Dabei sammelte die *Trier-Gesellschaft* nicht nur durch phantasievolle Spendenaktionen die finanziellen Mittel, sondern begleitete überdies die Restaurierungsmaßnahmen als Bauherr und stellte einen in der Denkmalpflege erfahrenen Architekten zur Verfügung – alles mit dem Ziel, der Stadt das sanierte Baudenkmal möglichst bald wieder zu übergeben, um es der Öffentlichkeit langfristig zugänglich zu machen. Den Löwenanteil der Kosten – 215 000 Euro – hat die *Trier-Gesellschaft* selbst gesammelt; unterstützt wurden sie bei der Rettung dieses Denkmals vom Land Rheinland-Pfalz mit 40 000 Euro und von der Deutschen Stiftung Denkmalschutz mit 25 000 Euro.

Der Architekt Gerd Kintzinger schuf zunächst wieder einen ebenerdigen Zugang von der Dietrichstraße und baute im hinteren Teil des Erdgeschosses sehr dezent die für jede Nutzung unverzichtbaren sanitären Anlagen und Wirtschaftsräume ein. Wohntürme verfügen üblicherweise über keinerlei Treppen im Gebäudeinneren, sondern erschließen sich über eine schmale, einläufige Außentreppe an einer der beiden geschützten Langseiten. Doch was unter mittelalterlichen Lebensverhältnissen als praktisch galt, stellt im 21. Jahrhundert ein Problem dar: Niemand will bei Wind und Wetter eine schmale Außenstiege zu einem Empfang hinaufklettern, geschweige denn sämtliche Speisen und Getränke von außen ins Obergeschoss liefern. Dieses

Problem wurde bei der Sanierung 2007 gelöst, indem der Architekt ein Zwischengeschoss einfügte und die vom Erdgeschoss aus zentral geführte, großzügige Treppe über dieses Zwischengeschoss ins Obergeschoss leitet. Auf diese Weise findet jeder Weg zum Festsaal schon auf der Treppenanlage einen geschützten Raum, der zum Verweilen, zum Schauen hinab in den Erdgeschossraum und zu Begegnungen einlädt.

Zwei romanische Doppelarkadenfenster geben dem hohen Saal mit dem offenen Dachstuhl ein nahezu sakrales Licht. Um diesen erhabenen Raumeindruck nicht durch moderne Einbauten zu zerstören, baute Gerd Kintzinger eine Fußbodenheizung ein, die mit Erdwärme betrieben wird und dadurch auf Dauer ebenso kostensparend wie ökologisch sinnvoll arbeitet.

Alle modernen Einbauten wurden so konstruiert, dass spätere Generationen sie wieder leicht entfernen können, ohne die mittelalterliche Bausubstanz zu beschädigen.

Bürgerengagement rettete das Denkmal

Bevor Gerd Kintzinger mit der Sanierung des Frankenturms begann, hatte die *Trier-Gesellschaft* am *Tag des offenen Denkmals* 2005 mit der Stadt als Eigentümerin des Turmes einen Nutzungsvertrag geschlossen, und am 14. Juli 2006 sicherte ein weiterer, klug formulierter Vertrag zwischen Sanierer und Eigentümer die langfristige Unterhaltung des Turmes *nach* der Sanierung ab: Die *Trier-Gesellschaft* verpflichtete sich darin zum Innenausbau, während die Stadt im Gegenzug zusagte, den Frankenturm 30 Jahre lang zu pflegen und zugänglich zu halten. In diesem Sinne überantwortete der Vorsitzende der *Trier-Gesellschaft*, Gert Burscheid, dem Trierer Oberbürgermeister Klaus Jensen am 14. April 2007 den Turm und übergab ihm als Hausherrn symbolisch den Turmschlüssel. Wer den Turm besichtigen möchte, kann sich nun an die Stadtinformation neben der Porta Nigra wenden.

Durch die jüngste Sanierung des Frankenturms wurde nicht nur ein Baudenkmal für lange Zeit in seiner Substanz gesichert. Zugleich steht der Frankenturm für die *mittelalterliche* Zeit der Moselstadt, der eine größere öffentliche Aufmerksamkeit zu wünschen wäre. Die Stadt ist reich an hochwertiger mittelalterlicher Bausubstanz, die an manchen Stellen durch Leerstand oder durch große Tiefgaragen und Kaufhäuser akuter in ihrem Bestand gefährdet ist als die prominenteren Römerbauten.

Am 14. April 2007 wurde der sanierte Frankenturm der Öffentlichkeit übergeben.

Die Turmeinweihung feierten die Trierer gemeinsam mit dem Pfarrer der Evangelischen Pfarrkirche zum Erlöser (S. 44) und dem Abt von St. Matthias (S. 112).

Hauptmarkt

Der Hauptmarkt ist das quirlige Zentrum der Bürgerstadt und besteht an diesem Ort seit mindestens tausend Jahren. Dank der Wiederaufbauleistungen ist er trotz furchtbarer Bombenzerstörungen im Krieg heute wieder als geschlossener Platz erlebbar. Er wird von – teilweise rekonstruierten – Bürgerhäusern aus den vergangenen Jahrhunderten eingefasst, vom Turm der Marktkirche St. Gangolf überragt und vom Marktbrunnen und dem Marktkreuz geschmückt.

Der Hauptmarkt entstand an der Stelle, an der sich seit der Römerzeit wichtige Straßen trafen. Blickt man vom Markt nach Norden, sieht man am Ende der Simeonstraße das nördliche römische Stadttor, die Porta Nigra (S. 20), im Osten erhebt sich der Dom (S. 62) auf einem kaiserlichen Großbau der Antike.

Das für römische Städte typische rechtwinklige Straßennetz löste sich immer mehr auf, nachdem die Germanenüberfälle im 5. Jahrhundert und der Normannensturm im Jahr 882 die antike Großstadt stark beschädigt hatten. Die Einwohnerzahl ging im frühen Mittelalter so sehr zurück, dass die befestigte Stadt nicht mehr auf dem ganzen Stadtgebiet bewohnt wurde. Weniger Bewohner, andere Handelsbeziehungen, neue Siedlungsschwerpunkte: Nun entstehen *Trampelpfade*, aus Abkürzungen werden Wege, aus Wegen entwickelt sich ein neues, mittelalterliches Straßennetz, dessen geschwungene Straßen das römische Achsialnetz überlagern. Der Marktplatz entwickelt sich auf der bogenförmigen Direktverbindung zwischen der Porta und der bis heute bestehenden Römerbrücke.

Das Marktkreuz

Marktkreuze kennt man seit dem Mittelalter auch im benachbarten Frankreich und Belgien, wobei das Trierer Marktkreuz – das Original ist im Stadtmuseum aufgestellt – als das älteste bekannte gilt. Seine Form ist in England seit dem 8. Jahrhundert verbreitet. Für das Original des Marktkreuzes wurden Spolien ver-

Ein prachtvoller Portalbau schmückt den Zugang zur Marktkirche St. Gangolf an der Südseite des Hauptmarkts. In der Kartusche über der Figur des heiligen Gangolf verweist ein Chronogramm auf die Entstehungszeit des Portals, 1732.

Das Marktkreuz wurde im Jahr 958 von Erzbischof Heinrich I. als Hoheitszeichen, als Symbol des Marktfriedens und der Erzbischöflichen Stadtherrschaft aufgestellt. Das Original wird im Stadtmuseum gehütet.

wendet: eine römische Granitsäule und ein karolingisches Palmettenkapitell. Die Inschrift auf dem Kapitell lautet: »HENRICUS ARCHIEPISCOPUS TREVERENSIS ME EREXIT« – der Trierer Erzbischof Heinrich hat mich errichtet. Auf der Vorderseite des Kreuzes ist das *Lamm Gottes* mit Kreuz und Siegesbanner abgebildet, auf der Rückseite eine – allerdings im Jahr 1724 restaurierte – Inschift, die den Stifter und das Datum wiederholt (Foto links).

Seit der Spätantike kennt man Kreuze auf Säulen. Sie sind ein Siegeszeichen – eine militärische Standarte. Ein jüngeres Kreuz dieser Art steht vor St. Paulin (S. 118). Wie dort, so besaß auch das Marktkreuz ursprünglich einen dreistufigen Sockel.

Das Portal zur Marktkirche St. Gangolf

Die katholische Pfarrkirche der Bürger, die Marktkirche St. Gangolf, ist ganz von Häusern eingebaut. Man erreicht sie vom Hauptmarkt durch eine Lücke zwischen den Häuserreihen über ein reich verziertes Barockportal, das der Augustinerbruder und Eremit Joseph Walter entworfen hatte.

Der Namenspatron der Bürgerkirche, der heilige Gangolf, ist in einer Nische über dem Portal dargestellt. Im 18. Jahrhundert liebte man das Spiel mit Zahlen und Buchstaben, wie hier im Chronogramm im Giebel: sanCtVs gangVLphVs hVIVs teMpLI patronVs et DefensoR (=1732).

Als die Stadt den Marktbrunnen im Jahr 1753 farbig neu fassen ließ, erhielt gleichzeitig das Gangolfportal einen neuen Anstrich.

Die Marktkirche entstand überwiegend in der Mitte des 15. Jahrhunderts, und wahrscheinlich wurde sie 1459 geweiht. Von ihrer reichen Ausstattung wurde das Meiste im 19. Jahrhundert verschleudert. Wenngleich die Kirche selbst hinter den Häusern völlig eingebaut ist, wird der gesamte Markt durch ihren mächtigen, sechsgeschossigen Westturm beherrscht.

Dieser Glockenturm verdankt sich einem Ablassbrief, der 1344 in Avignon ausgestellt wurde. Im Jahr 1507 konnte der Turm um zwei Geschosse bis auf die heutige Höhe aufgestockt werden, weil die wohlhabende Kaufmannswitwe Adelheid von Zerf, geborene Besselich, ihr Geld dafür stiftete.

Auch das Kirchengebäude selbst verdankt sich dem Geld vieler Bürgerinnen und Bürger: Ablassbriefe und Stiftungen ermöglichten über Jahrhunderte den Umbau und die Ausstattung der Kirche. Dabei reicht die Geschichte der Marktkirche bis in die Entstehungszeit des Marktes unter Erzbischof Heinrich I. zurück.

Der Marktbrunnen

Der figurenreiche, farbenfrohe Renaissancebrunnen bildet einen Blickfang auf dem Markt. Er war ein Geschenk des Erzbischöflichen Stadtherren an die Bürger. Ein Geschenk, das gleichermaßen als Schmuck und Mahnung gemeint war. Erzbischof Johann von Schönenburg stiftete den Brunnen, den er bis 1595 von Hans Ruprecht Hoffmann (um 1540–1616) hatte anfertigen lassen. Von Hoffmann stammen zahlreiche Werke im Dom und den Trierer Kirchen.

Die oberste Figur stellt den Stadtpatron dar, den heiligen Petrus. Darunter tummeln sich vier allegorisch gemeinte weibliche Gestalten. Sie personifizieren die vier Kardinaltugenden, die eine gute Stadtregierung auszeichnen: Die *Justitia* mit Waage und Schwert steht für Gerechtigkeit, die *Fortitudo* verkörpert Kraft, die *Temperantia* mit Wein und Wasser mahnt zur Mäßigung, und die *Prudentia* mit Schlange und Spiegel erinnert an die Klugheit. Zu diesem hintersinnigen Stadtschmuck kam die Bürgerschaft, nachdem sie den Erzbischof erst auf Druck des Kaisers hatte anerkennen müssen. Der Kaiser hatte 1580 per Dekret verfügt, dass die eigenmächtig handelnden Bürger wieder unter erzbischöflich-kurfürstliche Herrschaft kamen – ein schöner Brunnen.

Vom Hauptmarkt führt die Simeonstraße auf die Porta Nigra zu, die klein im Bild zu sehen ist. Unter den drei Fachwerkhäusern aus der Zeit um 1600 zweigt die Judengasse vom Hauptmarkt ab.

Hier lag bis zu dem gewaltsamen Übergriff der Trierer Bürgerinnen und Bürger auf ihre jüdischen Nachbarn im 14. Jahrhundert eines der größten jüdischen Stadtviertel in Deutschland.

Der bekannte Bildhauer Hans Ruprecht Hoffmann schuf 1595 den Marktbrunnen mit den vier Kardinaltugenden einer guten Stadtregierung. Hier ist die *Fortitudo, die Stärke*, zu sehen, mit ihrem Attribut, einer Säule.

GLADIO FERIT FORTITVDO IN ADVERSIS

Steipe

Die *Steipe* ist kein Gebäude, die Steipe ist ein Mythos. Trier ohne Steipe? Der Schmerz wäre zu groß gewesen. Der Hauptmarkt ohne Steipe, wer konnte das ertragen, als das traditionsreiche Fest- und Empfangshaus der Trierer Bürgerschaft aus dem 15. Jahrhundert im Bombenhagel 1944 unterging. Der Marktplatz, das Herzstück der Stadt, war nach dem Zweiten Weltkrieg ein Trümmerfeld.

Die Steipe war seit dem Mittelalter der Identifikationsbau der Bürger, sie hatte außerdem seit zweihundert Jahren einige Funktionen des Rathauses übernommen, das im 18. Jahrhundert am Kornmarkt gebaut wurde. Auch in den Amtszimmern der Steipe wurden Biografien entschieden, hier fanden Lebensstationen ihren Ausdruck, hier wurde seit langem geheiratet – die Personengeschichte über Generationen hinweg war in einer Bombennacht ausgelöscht. Ausgebombt, zerstört bis auf die Grundmauern. Wie so viele mittelalterliche Häuser in Trier, wie andere wertvolle gotische Gebäude am Markt, wie das *Rote Haus* gleich nebenan. Wer Bilder von Trier aus den 1950er Jahren kennt, sieht an Stelle dieser städtebaulich wie stadtgeschichtlich wichtigen Ecke, an der Einmündung von Fleischstraße und Dietrichstraße in den Hauptmarkt, einen leeren Raum, offenes Gelände an einer Straßenkreuzung mitten in der Stadt. Damals fuhr auch noch die Straßenbahn über den Marktplatz und durch die Simeonstraße.

Heute ist sie wieder da, die Steipe. Trierer und ihre Gäste sitzen an Cafétischen innen und außen mit der zu allen Tageszeiten interessanten Aussicht auf das Marktgeschehen. In der Steipe verabredet man sich, erfährt das Neueste, erschafft selbst wieder Geschichten und denkt über die Geschichte der Stadt nach.

Kurzum: Hier, in der Steipe, herrscht das Leben, der Alltag, der Augenblick. Natürlich auch die Freizeit und Entspannung – im Unterschied zur früheren Nutzung der Steipe als Verwaltungszentrum, denn als Rat-

Blick von der Sternstraße auf den Hauptmarkt mit der Steipe. Die kurze Sternstraße verbindet den Domfreihof mit dem Hauptmarkt.

haus wäre ein mittelalterliches Gebäude wie die Steipe für eine moderne Stadt mit rund 100 000 Einwohnern heute viel zu klein.

Die neue alte Steipe von 1970

War der Wiederaufbau eine denkmalpflegerische Sünde? Ein Sakrileg, befanden akademische Puristen. Ein Musterbeispiel schöpferischer Denkmalpflege, urteilten andere. Wem dienen Positionsbestimmungen fast vier Jahrzehnte später? Die Diskussion ist gelaufen, die Fakten sind geschaffen. Gebaut. Genutzt, belebt, und lange schon als Zeugnis der Zeitgeschichte akzeptiert. Eine städtebauliche Lückenschließung nach dem zerstörten architektonischen Vorbild, so könnte die sachliche Darstellung lauten.

In den Jahren 1968 bis 1970 hat man nach langen Debatten um das Wie und Warum, um das Dürfen, Wollen, Sollen und Können die Steipe *wieder aufgebaut*, wie man sagt, gemeinsam mit dem *Roten Haus* und zwei anderen gotischen Häusern. *Wieder aufgebaut* hat man die Idee, die alte Gestalt, wie man sie erinnern konnte. *Gebaut* hat man ein neues Gebäude. Man erreichte mit dem Neubau in der alten Form, dass ein wichtiger Mythos wieder im Stadtbild verankert ist, dass der Marktplatz wieder als geschlossener Platz erlebbar wurde, und dass die Steipe nicht vergessen wurde. Als wüssten die Trierer nicht selbst, dass ihre Steipe das Resultat eines Wiederaufbaus ist!

Von außen wurden die Fassaden nach überlieferten Fotografien und Bauaufnahmen neu gestaltet, während man die Räume im Inneren nach den Anforderungen an eine gastronomische Nutzung frei aufteilte. Die Räumlichkeiten der vier Neubauten sind innen miteinander verbunden, so dass man heute im Erdgeschoss gleichsam von Haus zu Haus gehen kann, ohne zu merken, in welchem Teil man sich gerade befindet – eine konsequente Lösung, die nicht vortäuschen will, man befände sich in alten Räumen.

Der Fest- und Empfangssaal der mittelalterlichen Bürgerschaft

Trier ist eine Stadt, deren Wesen nur zu verstehen ist, wenn man ihr geschichtliches Werden über zwei Jahrtausende hinweg betrachtet. Die Trierer empfinden sich als Erben der Römer – was viele alteingesessene Familien auch sein dürften. Die Römer stecken in den Genen ebenso wie im Boden, in den Kellern. Römische Mauern sind in nahezu jedem alten Hauskeller in der Innenstadt sichtbar.

Die Erben der Römer behielten ihr starkes bürgerschaftliches Selbstverständnis. Anders ist der für Nichttrierer kaum verständliche, große private finanzielle und zeitliche Aufwand nicht zu verstehen, mit dem sich sehr viele Trierer Bürgerinnen und Bürger für die Bewahrung von Kultur, Baudenkmalen und Kunst in ihrer Stadt einsetzen. Im Trier des 21. Jahrhunderts beobachtet man jeden Eingriff in historische Bausubstanz, als wäre es das eigene Wohnzimmer; dennoch konnten und können in der Altstadt substanzvernichtende Großbaustellen leider oft nicht verhindert werden, so dass in Flächen, auf denen Kaufhäuser und Tiefgaragen entstehen, die wertvollen Befunde im Boden unwiederbringlich zerstört werden.

Die Steipe wurde seit etwa 1430 in einer Phase bürgerlicher Konsolidierung gebaut, als Bürger- und Kaufmannsstädte wie Trier eine wirtschaftliche und kulturelle Blütezeit erlebten. Die Stadt war ebenso wie die einzelnen Familienclans, die in Zünften organisiert waren, relativ reich. In dieser Situation schienen den Zünften ihre einzelnen Zunfthäuser nicht mehr ausreichend; die Bürger verlangten nach einem gemeinsamen öffentlichen Identifikationsbau, in dem man die stadtinternen Angelegenheiten verhandeln und den Gesandtschaften anderer Städte einen würdigen Empfang bereiten konnte. Für derartige repräsentative Zwecke ließ sich der selbstbewusste Stadtrat die Steipe errichten.

Blick vom Hauptmarkt nach Norden, Richtung Simeonstraße und Porta Nigra. Das Rote Haus (links) und die Steipe wurden im Zweiten Weltkrieg völlig zerstört und vor fast vierzig Jahren leicht verändert rekonstruiert.

An der Südfassade der Steipe kann man einen Kamin erkennen, der nach Trierer Art aus der Wandfläche hervortritt.

Der Rat wünschte sich als bauliche Visitenkarte der Stadt weder ›den neuesten Schrei‹ noch Altbackenes. Handwerklich solide sollte das Gebäude sein, bodenständig, traditionsbewusst, nicht so teuer und dabei natürlich vom Allerfeinsten.

Also schaute man zunächst, was die Konkurrenz an Mosel, Rhein und Main so baute. Über den Wasserweg hatten es die Trierer nicht weit bis zu den Handelsstädten in ihrem eigenen Kurfürstentum, bis Koblenz, dann schauten sie, was sich die stolzen Bürger in den benachbarten Kurfürstentümern in Köln und Mainz so bauten. Und sicherlich kannte der Baumeister der Steipe auch die riesigen niederländischen Hallen, die in den reichen Handelsstädten ähnlich wie die Stadtpaläste der Norditaliener thronten. Das war aber alles eine Nummer zu groß für Trier.

Eine Multifunktionshalle des 15. Jahrhunderts

Hier brauchte man einen funktionierenden Saalbau: Im Erdgeschoss eine von kräftigen Stützen getragene Halle, in der zur allgemeinen Kontrolle die städtische Waage stand und man wertvolle Waren trocken lagern konnte, und darüber einen möglichst großen Saal. Dieser sollte festlich wirken, flexibel in der Raumnutzung sein und schnell umzudekorieren, für Empfänge ebenso geeignet sein wie für Versammlungen. Auf ein repräsentatives Treppenhaus konnte man zur damaligen Zeit verzichten; erst das spätere Bildungsbürgertum des 18. und 19. Jahrhunderts brauchte breite Treppenanlagen, um sich auf unterschiedlicher Augenhöhe begegnen zu können. Im 15. Jahrhundert hingegen konnte man sich diesen Platz sparen, denn das Leben spielte sich auf der Straße, in Kirchen und Häusern ab, und die Grundstücke im Stadtzentrum waren teuer, begehrt und wertvoll.

Grundsätzlich orientierte man sich beim Bau der Steipe an den profanen Steingebäuden, die es in Trier schon seit Jahrhunderten gab: an den Wohntürmen der begüterten Familien. Gleich um die Ecke stand der mehr als 300 Jahre alte Frankenturm (S. 84), und einige Schritte weiter gab es in der Simeonstraße das zwar schon modernere, aber immerhin auch schon fast 200 Jahre alte Dreikönigenhaus (S. 98). So wehrhaft und im wahrsten Wortsinne *verschlossen* brauchte die Steipe nicht zu wirken, denn die Stadt war ja mittlerweile von einer Stadtmauer umgeben. Deshalb öffnet sich das Erdgeschoss der Steipe mit drei Spitzbögen, die breit genug für die Durchfahrt von Karren waren, und deren runde Stützen (*Steipen*) dem prächtigen Gebäude den Namen gaben.

Aber offenbar hatten die Trierer bei ihrer Steipe zu bescheiden kalkuliert: Kaum war die Steipe fertig, galt sie manchen schon als zu klein und altmodisch. Ab 1481, ein halbes Jahrhundert nach ihrer Einweihung, wurde die Steipe in einer zweijährigen Maßnahme völlig umgebaut. Nun gab man bei dem bekannten *Meister Steffen* mehrere Figuren in Auftrag: Als Bauschmuck und als Schutz für das Gebäude fertigte Meister Steffen für die marktseitige Fassade sechs Statuen an. Zum einen schuf er zwei, auf Fernsicht angelegte ›Riesen‹ für die Ecken des Obergeschosses, und außerdem meißelte er vier weitere Statuen, die die vier Stadtpatrone darstellen: Die in Trier besonders verehrte Mutter Kaiser Konstantins des Großen, die heilige Helena (S. 72), die heiligen Petrus, Paulus und Jakobus. Die Originalfiguren von Meister Steffen befinden sich heute im *Städtischen Museum* im Simeonstift.

Steipe und Rotes Haus sind Rekonstruktionen, zugegeben. Doch ihre im Jahr 1970 neu erstandene Gestalt und ihre geglückte funktionale Einbindung in das städtische Leben sorgen dafür, dass die geschichtlichen Zusammenhänge in Erinnerung und damit lebendig bleiben – vorausgesetzt, es wird weiterhin Menschen geben, die sich für Stadtgeschichte interessieren und sie weitergeben. Doch daran sollte in Trier kein Zweifel bestehen.

Auf dem Roten Haus neben der Steipe hat die Stadt beim Wiederaufbau wieder eine alte Inschrift mit einem Wunsch aus dem Jahr 1684 rekonstruieren lassen. Vordergründig mögen ihn manche Gäste als übersteigerten Ausdruck des bürgerlichen Selbstbewusstseins belächeln; dahinter steht jedoch etwas Tieferes, nämlich die inständige, an einer markanten öffentlichen Stelle formulierte Bitte an Gott um Frieden: »Ante Romam Treveris stetit annis mille trecentis / Perstet et aeterna pace fruatur. Amen«. Frei übersetzt: *Bereits 1300 Jahre vor Rom stand Trier. Möge es weiter bestehen und sich ewigen Friedens erfreuen. So sei es.*

Auch dieses Gebet hat man 1970 erneuert und damit großzügig gesagt, dass in Trier am gleichen Ort immer schon gebaut, umgebaut und neu gebaut wurde.

Dreikönigenhaus

Die Simeonstraße dürfte Triers bekannteste Straße sein. Durch diese Fußgängerzone gehen sie alle: Die Trierer, die bummeln, sich auf einen Kaffee treffen oder auf dem Markt einkaufen wollen, und die Gäste der Stadt, die von der Porta Nigra ausgehend beginnen, die Stadt zu erkunden.

Die alte Hauptgeschäftsstraße bildet seit der Römerzeit das verkehrstechnische Rückgrat der Stadt. Schon in der Antike verlief hier der *Cardo Maximus*, die Hauptstraße, und führte schnurgerade ins Stadtzentrum hinein. Im frühen Mittelalter entwickelte sich am Schnittpunkt von Simeonstraße und Domfreiheit der Hauptmarkt, weil an dieser Stelle weiterhin die alte überregionale Straße bestand, die über die Moselbrücke führte. Eine offene Atmosphäre, wie man sie aus südeuropäischen, warmen Ländern kennt, ist geblieben. Ein Erbe der Römer? Das Flair der Simeonstraße begründet sich nicht zuletzt darin, dass sie von auffallend schönen Hausfassaden gesäumt wird.

Zwischen den sanierten – oder oft auch rekonstruierten – Fassaden aus dem 18. und 19. Jahrhundert fällt ein Haus wegen seiner Gliederung und Farbigkeit besonders auf. Seine Fassade ist weiß getüncht, wird von ockerfarbenen Lisenen und rot umrahmten Rundbogenfenstern gegliedert und von einem Giebel bekrönt, dessen Höhe die Dächer der Nachbarhäuser deutlich übertrifft. Die Rede ist vom Dreikönigenhaus. Im Erdgeschoss wird seit drei Generationen ein Café betrieben, das für hausgemachten Kuchen ebenso wie für seine reizvolle Caféausstattung bekannt ist.

Vom Frankenturm zum Dreikönigenhaus

Das Dreikönigenhaus und der Frankenturm (S. 84) haben etwas gemeinsam: Beide sehen völlig anders aus als die traufständigen Nachbarhäuser mit ihren normalen rechteckigen Fenstern. Beide Gebäude sind sehr viel älter als die benachbarten Wohnhäuser, die überwiegend aus dem Barock stammen. Frankenturm und

Dreikönigenhaus sind aus einer Zeit erhalten, in der man besondere Steingebäude mit Rundbögen, Lisenenfriesen und kleinen Säulen schmückte. Obwohl die Gestaltung der baulichen Details an Kirchen erinnert, war das Dreikönigenhaus natürlich nie eine Kirche, aber es wurde von den gleichen Baumeistern und Handwerkern gebaut, die für Kirchen und andere stattliche Gebäude in einer Stadt wie Trier verantwortlich waren.

Frankenturm und Dreikönigenhaus gehören zu den *Wohntürmen*, wobei der Frankenturm etwa 130 Jahre älter sein dürfte. In dieser Zeit hatten sich die Wohntürme in Trier stark verändert, wie das Dreikönigenhaus zeigt.

Auch der Bauherr des Dreikönigenhauses war eine hoch gestellte, wohlhabende Persönlichkeit, deren Name nicht überliefert ist; er dürfte ein Adeliger gewesen sein, der vielleicht auch im Dienste des Erzbischofs stand. Mit Sicherheit waren ihm die gleich um die Ecke stehenden Kirchen – die Stadtkirche St. Gangolf und vor allem die romanische Westfassade des Doms aus dem 11. Jahrhundert – bestens vertraut.

Wohn- und Geschlechtertürme

Wann genau das Dreikönigenhaus gebaut wurde, weiß man ebenso wenig wie beim Frankenturm. Hier helfen nur stilistische Vergleiche. Demnach verweist die Fassadengliederung des Dreikönigenhauses in das frühe 13. Jahrhundert, mithin in eine Zeit, als in hiesigen Regionen allenfalls Kirchen und andere öffentliche Großbauten, und nur selten Wohnhäuser, aus Stein gebaut wurden.

Wohnhäuser bestanden normalerweise aus Holz, Lehm und Fachwerk. Zwischen den Häusern erhoben sich die Wohntürme der führenden Familienclans. Weil man diese verteidigungsfähigen Wohntürme später, in einer wachsenden städtischen Gemeinschaft mit einer Stadtmauer nicht mehr brauchte, sie folglich umbaute, erweiterte und auf viele Weisen für neue

Der Giebel des Dreikönigenhauses überragt die jüngeren Häuser in der Simeonstraße, die auf die Porta zu führt. Das Haus zählt zu den wichtigsten frühgotischen Stadthäusern in Deutschland.

Bei der Sanierung im Jahr 1938 unter Friedrich Kutzbach wurde die romanische Gliederung wieder hergestellt. Die Farbfassung entstand 1973 unter Helmut Lutz.

Zwecke veränderte, kann man diese Wohn- oder Geschlechtertürme heute nur noch selten finden.

Das Besondere an Trier ist, dass die Stadt gleich mehrere Wohntürme besitzt. Dazu zählen der um 1100 gebaute Frankenturm (S. 84) in der Dietrichstraße 6 und das Dreikönigenhaus in der Simeonstraße Nr. 19. Die wenigen Generationen zwischen dem Frankenturm und dem Dreikönigenhaus zeigen den Wandel von den stark verschlossenen, zweckmäßigen und nur mit kleinen Fenstern ausgestatteten Wohntürmen hin zu einer Auflösung dieser strengen Bauform. Allmählich entwickelt sich die schmuckreiche Fassade mit reich verzierten Rundbogenfenstern. Oft findet man auch – wie beim Dreikönigenhaus – an der repräsentativen Schauseite eine modernere, aufwendige Gestaltung, während man auf der Gebäuderückseite noch die älteren Formen verwendet. So zeigt die – heute nicht öffentlich einsehbare – hintere Fassade des Dreikönigenhauses noch den Charakter des 12. Jahrhunderts.

Stellt man sich den Dom mit seiner damaligen Farbgebung vor, liegt es auf der Hand, wo der Auftraggeber des Dreikönigenhauses die geschosshohe Lisenengliederung und die Reihe der Rundbogenfenster gesehen haben wird. So machte man das damals. Das wurde keineswegs als schnödes Nachahmen bewertet, sondern war ein Ausdruck von Qualität, zeigte man doch mit der Übernahme der Schmuckformen, wie sehr man selbst an der Überlieferung lokaler Bauformen teilnimmt In einer Gesellschaft mit sehr differenzierten handwerklichen Berufsbildern würdigte man die Detailausführung viel stärker als heute. Es ging weniger um die Neuerfindung der großen Form als um die kunstfertige Gestaltung bis in die kleinste Form hinein. Eine Frage der Ehre. Der Bauherr des Dreikönigenhauses gehörte zu den Auftraggebern, die sich begabte Handwerker leisten konnten.

Mittelalterliche Häuser sind farbenfroh

Die heute selbstverständlich erscheinende Prachtfassade des Dreikönigenhauses gibt es in dieser klaren Farbigkeit erst seit kaum zwei Generationen, seit 1973: Diese kräftigen Farben wurden bei der letzten umfangreichen Sanierung des rund 750 Jahre alten Hauses herauspräpariert. Damals hatte die städtische Denkmalpflege unter der Leitung von Helmut Lutz das restaurierungsbedürftige Gebäude und die alten Farbbefunde gründlich analysiert. Man entschied sich für die Rekonstruktion der ursprünglichen Farbigkeit und überraschte damit viele Bürger, die sich romanische Bauten *steinsichtig* vorgestellt hatten. Die architektonische *Gliederung* der Fassade im spätromanischen Formenverständnis war bereits kurz vor dem Zweiten Weltkrieg, noch 1938, unter dem Stadtkonservator Friedrich Kutzbach, wiederhergestellt worden.

Lange vor den Rekonstruktionen des 20. Jahrhunderts hatte der mittelalterliche Wohnturm bereits mehrere durchgreifende Umbaumaßnahmen erlebt, die von der ursprünglichen Architektur des frühen 13. Jahrhunderts kaum noch etwas hatten erkennen lassen: Die erste größere Modernisierung war offenbar im 16. Jahrhundert (1585/86) fällig geworden, die nächste im 18. Jahrhundert, dann im frühen 19. Jahrhundert, und 1886 baute sich ein Kaufmann das stattliche alte Haus im Formengefühl seiner Zeit zu einem funktionierenden Geschäftshaus mit großen Schaufenstern um. Diese Umgestaltung hatte sich in neuromanischen Formen darum bemüht, wieder ein einheitliches Bild eines ehrwürdigen alten Gebäudes herzustellen.

Bis dahin hatten die Generationen je nach Nutzung und zeitgemäßen Funktionen an der Fassade ›herumgebastelt‹. Erst dieser Geschäftsmann, Joseph Stock, ging mit historischer Reflektion an die Sanierung seines Ladens. Anstelle des ursprünglichen Hauptzugangs im ersten Obergeschoss ließ er damals ein Rundbogenfenster einfügen, um die Reihe der alten Fenster harmonisch über die ganze Breite fortzusetzen. Stärker griff *J. Stock, Königlicher Hoflieferant* 1886 nur ins Erdgeschoss ein, weil er dort Schaufenster für sein Ladenlokal brauchte – ein kleiner Eingriff, verglichen mit heutigen, gänzlich aufgerissenen Geschäftseingängen.

Ursprünglich war der spätstaufische Wohnturm – ebenso wie der Frankenturm (S. 84) – nur über eine Außentreppe zu erreichen, die zum Eingang im ersten Obergeschoss hinauf führte. Im Erdgeschoss befand sich damals wohl nur eine Schlupfpforte, eine kleine Tür, um dahinter ebenerdig Waren zu lagern, ohne sie in höhere Geschosse hinauf schleppen zu müssen. Heute wirkt die wieder hergestellte Eingangstür neben den drei Fenstern im ersten Obergeschoss sicherlich irritierend, weil sie ohne eine Treppe keine Funktion mehr als Tür hat. Dieses unhistorische Bild erklärt sich dadurch, dass man mit dieser Kompromisslösung die

alte Form andeuten wollte. So wie heute sah das rekonstruierte Haus nie aus, aber man kann durch die Entfernung der jüngeren großen Fenster und vor allem durch die Farbfassung wieder erahnen, wie ein Wohnturm im 13. Jahrhundert ausgesehen haben mag.

Besonders die Giebellösung gibt eher die denkmalpflegerische Kompromisslösung des 20. Jahrhunderts wieder als eine *romanische* Giebelform. Das Dreikönigenhaus gilt daher als ein gutes Beispiel dafür, wie sich die Sichtweisen auf alte Gebäude im Laufe der Zeit wandelten und wie unterschiedlich man Denkmalpflege betreiben kann.

Ein Caféhaus aus den zwanziger Jahren

Wie der Frankenturm trug auch das Dreikönigenhaus lange einen anderen Namen. Zunächst hieß es *Haus zur Säule*, symbolisiert durch eine kleine Säule in der mittigen Nische hoch oben im Giebel, wo man später in Erinnerung daran wieder eine Säule einfügte. Erst im Jahr 1680 wurde das *Haus zur Säule* in *Dreikönigenhaus* umbenannt, als Johann Cornet sein Gasthaus *Zu den Dreikönigen* dort eröffnete.

Essen und trinken kann man im Dreikönigenhaus seit mehreren Generationen. Das Café zählt zu den stilvollsten und charmantesten in Trier, denn es besitzt noch die solide geschreinerte Ausstattung aus den 1920er Jahren. Inzwischen wird das Café in der dritten Generation von Familie Bley als Familienbetrieb geführt. Der jetzige Besitzer Heinz Bley ist froh, dass sich sein Vater Engelbert Bley damals gegen manch gut gemeinten Rat durchsetzte und sich dem gesichtslosen Modernisierungsdruck mit standardisierten Caféausstattungen entziehen konnte.

Seit einigen Jahren steht das Dreikönigenhaus mitsamt seiner Inneneinrichtung gesetzlich unter Denkmalschutz. Zwischenzeitlich mag das Café manchen als altmodisch gegolten haben, heute ist es wieder schick. Denn es ist eines der ganz wenigen alten Cafés in Trier, das auch junge Leute allein schon wegen seiner stilvollen alten Ausstattung anzieht.

Der farbenfrohe, prachtvolle Giebel des Dreikönigenhauses ist auf Fernwirkung ausgerichtet.

Die kleine Säule ganz oben erinnert an den alten Hausnamen, *Haus zur Säule*.

Karl-Marx-Haus

Seit dem Jahr 2005 ist das Karl-Marx-Haus wirklich aufregend und einer der wichtigsten Orte in Trier. Wer die dortige Dauerausstellung besucht, wird in diesem Barockhaus mit Sicherheit mehr Zeit verbringen als geplant, denn die Ausstellung ist derart kurzweilig, erfrischend und zugleich voller dicht aufbereiteter Informationen rund um die Entstehung des Sozialismus und die weltweiten Auswirkungen, die der Trierer Philosoph Karl Marx ausgelöst hat, dass man die Zeit vergisst. Die Qualität der Ausstellung zeigt sich auch darin, dass sie einen weiten Blick öffnet und die Bezüge zur modernen Weltordnung verständlich macht.

Wer das Karl-Marx-Haus besucht, bemerkt schnell, dass das Geburtshaus von Marx gern von Gästen aus Asien besucht wird. Nicht selten wissen sie mehr über den berühmten Sohn der Stadt als europäische Triergäste, die in Trier normalerweise *die Römer* suchen. Doch diese Wissenslücke wird spätestens nach einem Rundgang durch das vorbildlich sanierte Haus geschlossen. Verantwortlich für die gelungene Neukonzeption ist die Friedrich-Ebert-Stiftung, die das Haus als Museum und Forschungsstätte betreibt.

Marx hatte hier, in der Brückenstraße, die ersten eineinhalb Jahre seines Lebens verbracht; 1819 kaufte die Familie ein Haus in der Simeonstraße. Im Jahr 1928 erwarb die Sozialdemokratische Partei das Geburtshaus von Marx, um hier zur Erinnerung an ihren Mitbegründer ein Museum einzurichten.

Kein Freund der Preußenkönige

Wenn bislang in diesem Buch die denkmalpflegerischen Leistungen der preußischen Regierung für das *römische Trier* gewürdigt wurden, begegnet uns mit dem juristisch gebildeten Journalisten Dr. Karl Marx ein vehementer Kritiker der preußischen Politik. Die kulturellen Leistungen der Preußen in der Rheinprovinz sind die eine Seite – die Schattenseite ist eine rigide antidemokratische, autoritäre Monarchie, die keine Kritik duldete, sich als Bewahrer *der guten alten Tradition* darstellte und mit Denkmalpflege Politik machte.

Karl Marx kam väterlicherseits aus einer alten Trierer Rabbinerfamilie, seine Mutter war holländischer Herkunft. Bereits sein Vater sah sich – wie andere jüdische Einwohner Triers – unter preußischer Regierung gezwungen, sich taufen lassen, um überhaupt in Trier seinen Beruf als Rechtsanwalt ausüben zu können. Schweren Herzens willigte seine Frau, die wie er aus einer angesehenen Rabbinerfamilie kam, 1824 in die Taufe der gemeinsamen Kinder ein und ließ sich selbst schließlich 1825 taufen. Karl Marx wurde später übrigens oft als Jude beschimpft; er selbst setzte sich kritisch mit der jüdischen Religion auseinander.

Als Chefredakteur der in Köln hergestellten, überregional erscheinenden liberalen *Rheinischen Zeitung* kritisierte Marx deutlich die Pressezensur und das »geheime Staatswesen« der Preußen. Besonders zuwider war ihm die religiös verbrämte romantische Schwärmerei des für Triers Römerbauten so wichtigen Königs Friedrich Wilhelm IV. – womit sich Marx natürlich in Trier wenig Freunde machte. Der König selbst bezeichnete die *Rheinische Zeitung* als »Hure am Rhein«. Sogar beim Kölner Dombaufest ließ sich Staatskanzler Metternich 1842 dazu hinreißen, die Presse »ein lebendiges Werkzeug des Bösen« zu nennen. Kein Jahr später, 1843, wurde die *Rheinische Zeitung* verboten.

Marx heiratete im nahe gelegenen Bad Kreuznach die Baronesse Jenny von Westphalen (1814–1881) und sah sich gezwungen, mit ihr ins Ausland zu gehen. Das Exil führte die beiden nach Paris, dann nach Brüssel, und nach dem Scheitern der Revolution von 1848/49 musste Marx als Staatenloser nach London emigrieren. Dort starb er 1883, zwei Jahre nach seiner Frau, die mit ihm immer zusammengearbeitet hatte.

In London lebte die Familie unter schwierigen finanziellen Bedingungen und mit Unterstützung von Freunden wie Friedrich Engels. Dort vollendete Marx 1867 seine bahnbrechende Kritik an den menschenverachtenden Auswüchsen des Kapitalismus, *Das Kapital*. Begonnen hatte alles im preußischen Trier, wo der Journalist Karl Marx damals nicht leben durfte.

Die Geburtsstätte von Karl Marx ist ein typisches Trierer Barockhaus mit Vorder- und Hinterhaus, dessen Räumlichkeiten sich um einen kleinen Innenhof entwickeln.

Seit 2005 vermittelt die profunde Dauerausstellung im Karl-Marx-Haus die Zusammenhänge zwischen dem 1818 hier geborenen Philosophen und der Geschichte des Barockhauses.

Ein überraschendes Farbsystem leitet die Besucher durch die informative Präsentation.

Heiligkreuzkapelle

Auf den ersten Blick ist die Heiligkreuzkapelle ein bescheidenes Kirchlein. Sie steht auf einem großzügigen Platz in dem nach ihr benannten südlichen Trierer Ortsbezirk Heiligkreuz: Eine weiß verputzte Kapelle mit wenigen, besonders kleinen Fenstern, bekrönt von einem farbigen Vierungsturm. Dennoch: Diese Kapelle ist ein architektonisches Kleinod, das hier seit fast tausend Jahren steht.

Im Schatten der Wisport

Heiligkreuz, ein 1912 eingemeindeter Stadtteil, liegt auf einem Höhenrücken im Trierer Süden. Noch im 18. Jahrhundert gab es hier nur wenige Häuser, die im Schatten des östlichen römischen Stadttores, der *Porta Alba*, entstanden waren. Der Grundbesitz gehörte teilweise zur benachbarten Abtei St. Matthias, teilweise zum Kloster St. Irminen und zur Stadt Trier.

Gleich hinter dem Ortsmittelpunkt mit der Kirche führt bis heute der alte Weg zwischen Wohnhäusern nach unten ins Tal. Die Straße verbindet den alten gallisch-römischen Tempelbezirk im Altbachtal (S. 42), der noch innerhalb der Römerstadt lag, mit dem Dorf hier auf dem Hügel, das außerhalb der Mauer lag.

Von der Porta Alba, dem *weißen Tor*, ist heute oberirdisch nichts zu sehen, doch die Keller der Häuser entstanden teilweise auf römischen Mauern und aus römischen Steinen. Das Dorf hieß wegen des weißen Tores früher *Wisport*, Dorf *am weißen Tor*.

Heute beginnen die Kreuzwegstationen im Altbachtal und führen hinauf zur Heiligkreuzkapelle. Im Tal, an der Kreuzung nach Olewig, stehen die Neubauten der Europäischen Rechtsakademie (ERA) und der Landeszentralbank, außerdem ein Kongress-Hotel.

Antike Gebäude wirken Jahrhunderte fort

Die Heiligkreuzkapelle wurde auf dem Grundriss eines griechischen (gleichschenkligen) Kreuzes gebaut. Die nur rund zehn Meter lange und breite Kapelle

Durch das Hauptportal gelangt man in den Zentralbau, der auf einem kreuzförmigen Grundriss entstand.

Durch den Vierungsturm erhält die Kapelle natürliches Licht von oben. Die Trompen helfen, den viereckigen Turmgrundriss in einen achteckigen zu überführen. Eine Besonderheit sind die kreuzförmigen Fenster.

Die barocken Skulpturen neben dem Eingang stammen aus der Zeit der Barockisierung der Kapelle.

gehört zu den wenigen romanischen Kirchen, die als kreuzförmiger Zentralbau errichtet wurden.

Diese salische Kapelle wurde um das Jahr 1050 bis etwa 1066 von dem Trierer Dompropst Arnulf in Auftrag gegeben und bezahlt. Damit zählt Heiligkreuz zu den ältesten eingewölbten Bauten und zugleich zu den ältesten Kirchen, die so früh einen Vierungsturm besaßen. Seit der grundlegenden Untersuchung von Wilhelm Effmann, die 1890 erschien, haben sich viele Bauhistoriker mit der Frage beschäftigt, woher man in Trier im 11. Jahrhundert diese Bauform kannte und warum der Trierer Auftraggeber sie bevorzugte.

Eine typische Form für Grabbauten

Kleine Gebäude auf kreuzförmigem Grundriss kennt man seit der Antike in Europa, aber reine kreuzfömige *Kirchen* werden im frühen Mittelalter sehr selten gebaut. Bei Kirchengebäuden hatte sich seit den Konstantinischen Großbauten die Gestalt der dreischiffigen Basilika bewährt und entsprechend schnell als beliebter Standardtypus verbreitet.

In der Antike kennt man die regelmäßige Kreuzform vor allem von Grabbauten: Sie bestehen oft aus einem quadratischen Raum, dessen vier Seiten in rechteckigen Nischen enden und dadurch eine Kreuzform ergeben. Man denke etwa an die Mausoleen entlang der Via Appia in Rom.

Antike Grabmonumente besaßen viele Eigenschaften, die auch die christlichen Bauherren brauchten, weshalb man die Kreuzform auch häufig bei Grabkammern in römischen Katakomben findet, oder auch bei dem berühmten Grabmal des Theoderich in Ravenna. Vermutlich kannte der Baumeister der Heiligkreuzkapelle sogar die Grabkapelle der Galla Placidia in Ravenna, vielleicht auch die zerstörte Kirche in Konstantinopel, die Kaiser Konstantin als Grablege für sich und seine Familie hatte bauen lassen. Die berühmten kaiserlichen Bauten dürften seit dem 5. Jahrhundert in

Die etwa Mitte des 11. Jahrhunderts gebaute Heiligkreuzkapelle wird von einem Vierungsturm bekrönt. Im Zweiten Weltkrieg wurde die Kapelle stark beschädigt und 1958 originalgetreu ergänzt.

An den salischen Zentralbau fügte man eine moderne, große Kirche mit Pfarrhaus und Kindergarten an.

Gallien bekannt gewesen sein, denn von den getauften Frankenkönigen sind mehrere kreuzförmige Kapellen aus Paris, Arles und Soissons bekannt.

Oft hatten Friedhofskapellen einen kreuzförmigen Grundriss, ebenso wie die Krypten der frühen karolingischen Kirchen, wie etwa um 815 in der Einhardsbasilika in Steinbach im Odenwald, oder bei der Margarethenkapelle im elsässischen Epfig.

Dass man heute den reinen, salischen Innenraum des 11. Jahrhunderts wieder erleben kann, ist das Ergebnis von Denkmalpflege, vor allem intensiver Bauforschung und Bauaufnahmen vor der Zerstörung im Krieg, die unter der Leitung des damaligen Stadtkonservators Friedrich Kutzbach erfolgten. Die Jahrhunderte davor hatten die Kapelle ihrem Geschmack entsprechend ausgestattet und verschiedene Nebengebäude angebaut. Bis ins 20. Jahrhundert hinein besaß die Heiligkreuzkapelle noch die barocke Ausstattung des 17. Jahrhunderts.

Heiligkreuz ist rein substantiell nicht mehr original erhalten, sondern weitgehend ein Wiederaufbau; doch die Kapelle konnte streng nach Befund rekonstruiert werden, weil ihre Baugeschichte aufgrund der ungewöhnlichen Gestalt gut erforscht war.

Bis 1936 gehörte die Heiligkreuzkapelle zur Pfarre von St. Matthias, seitdem ist sie eine eigenständige Pfarrkirche. Doch nur wenige Jahre später ging sie im Zweiten Weltkrieg beinahe unter.

Die hiesige Gemeinde wuchs nach dem Kriege schnell. So baute man die alte Kapelle bis 1958 wieder auf und errichtete daneben ein modernes Pfarrzentrum mit Kirche, Pfarrhaus und Kindergarten. Die alte Kapelle ist seitdem bei den Gemeindemitgliedern als Taufkapelle sehr beliebt. Ein eingeschossiger, zurückhaltend gestalteter Gang verbindet die alte Kapelle seit 1961 mit der sehr viel größeren katholischen Pfarrkirche. Den historischen Bezugspunkt und Blickfang des Platzes bildet die tausendjährige Kapelle.

Der achteckige Leuchter wiederholt das Achteck des Vierungsturmes.

Ein Kreuzweg führt vom Altbachtal den Hügel hinauf zur Heiligkreuzkapelle.

Die Kreuzfenster an den Stirnseiten der Kreuzarme, hier von innen und von außen abgebildet, wurden 1958 nach den Befunden rekonstruiert.

St. Irminen (Vereinigte Hospitien)

Ortsunkundige laufen unter Umständen eine Weile um die langen Mauern herum, die St. Irminen mitten in der Innenstadt als ganz eigenen Bereich abgrenzen. Das Panorama der Stadt von der westlichen Moselseite (S. 4–7) zeigt die Großzügigkeit der Anlage mit ihren Grünflächen. Außer dem Haupttor besitzt St. Irminen mehrere kleinere Nebeneingänge.

Von der Krahnenstraße schlüpft man zwischen vorbildlich sanierten, schmucken Wohnhäusern durch ein Holztor hindurch, und findet sich überraschend in einem Garten wieder. Das Besondere an St. Irminen besteht eben darin, dass das großzügig dimensionierte Gelände aus ganz unterschiedlichen Gebäudekomplexen besteht, die über Generationen hinweg zu einer Art Stadt in der Stadt zusammengewachsen sind. Die *Vereinigten Hospitien* sind eine Stiftung.

Die zweigeschossigen Barockhäuser an der Krahnenstraße gehören auch dazu. Es sind nicht etwa private Wohnhäuser, wie von außen zu erwarten wäre, sondern sie gehören zu der gesamten Anlage von St. Irminen; dort befinden sich altengerechte Mietwohnungen.

Ganz anders zeigt sich St. Irminen vom Katharinenufer entlang der stark befahrenen Moselseite: Durch ein schmiedeeisernes Tor erblickt man am Ende einer Wiese ein repräsentatives, auffallend breites Barockgebäude, dessen weiß-rosafarbene Fassade von einem grauen Schieferdach bekrönt wird. Im Erdgeschoss dieses Gebäudetraktes sind römische Mauern in mehreren Metern Höhe erhalten – allerdings nicht öffentlich zugänglich.

Ein pulsierendes Hafenviertel der Antike

Wegen dieser Vielfalt und Freiräumigkeit mitten in der überregional beliebten Einkaufsstadt Trier stehen die *Vereinigten Hospitien* für eine der begehrtesten Wohnanlagen für Bürgerinnen und Bürger, die aus vielen Gründen nicht mehr allein wohnen können oder wollen. Mitten im Zentrum, und doch ein Stadtviertel

Der Irminenfreihof ist ein großzügiger Platz. Im Hintergrund ist die Schmalseite des Barockflügels zu erkennen, in dem ein Mauerstück einer römischen Lagerhalle (S. 111) erhalten ist.

Die *Vereinigten Hospitien* bilden eine ausgedehnte Anlage, in die unterschiedlich große, ältere Häuser wie diese einbezogen sind, hier die Krahnenstraße mit dem Durchgang zum Garten.

mit einem ganz eigenen Gesicht. Welches ausschließlich wirtschaftlich ausgerichtete Unternehmen würde sich mitten in einer Innenstadt großzügige Wiesen leisten? St. Irminen bietet diese Räume, die dem Auge und der Seele so gut tun und heute in einem europäischen Stadtzentrum selten zu finden sind.

Durch diese ungewöhnliche Struktur mit unbebauten Flächen innerhalb eines rechtwinkligen Quartiers kann man es erahnen: St. Irminen ist eine besondere, sehr alte Anlage, die innerhalb des antiken Straßenrasters in Flussnähe entstanden sein muss.

Zwischen der Mosel und dem römischen Stadtzentrum lag der Hafen mit Werften und Lagerhallen, der Lebensnerv der antiken Residenzstadt. In jedem Hafen pulsiert das Leben. Im Trierer Hafen wurden seit der Gründung der *Augusta Treverorum* Güter aus ganz Europa aus- und eingeladen. Am Moselufer kamen Soldaten und Zivilisten an, hier wurden Steine, Holz, Marmorsäulen und anderes Baumaterial per Schiff und Floß weiter transportiert. Und wo das Hafenleben pulsiert, fließt reichlich Alkohol. In Trier war es vor allem der Moselwein. Dehalb ist es kein Wunder, dass hier einer der ältesten erhaltenen Weinkeller zu finden ist. Er liegt unter dem heutigen Altenheim.

Weingüter und Sozialversorgung

Die *Vereinigten Hospitien* haben im Moselland einen klangvollen Namen: Die einen denken dabei an eine der ältesten Trierer Sozialeinrichtungen, die anderen verbinden damit berühmte Weinlagen. Beides hängt eng miteinander zusammen, denn in den römischen Lagerhallen wurde vier Jahrhunderte später ein Benediktinerinnenkloster gegründet, dem einige wichtige Weinlagen gehörten, darunter auch Weinfelder mitten im Trierer Stadtgebiet.

Der Wein brachte dem Kloster verlässliche Einkünfte, und das war für dessen Existenz auch nötig. Denn anders als viele Menschen glauben, erhalten Klös-

Blick von der Mosel auf das barocke Hauptgebäude von St. Irminen. In diesem Bautrakt verläuft die Mauer der römischen Lagerhalle.

ter nämlich keine kirchlichen Subventionen, sondern müssen sich wirtschaftlich selbst tragen. Klöster waren finanziell selbständige Unternehmen, die nur durch ihre ausgedehnten Ländereien bestehen konnten. In dem Augenblick, in dem Klöster und Stifte Anfang des 19. Jahrhunderts säkularisiert, freundlich formuliert *aufgehoben*, oder konkreter formuliert *enteignet* wurden, endet nicht nur ihre religiös-kulturelle, sondern auch ihre wirtschaftliche und damit soziale Bedeutung.

Klostergebäude im Getreidespeicher

St. Irminen gehörte bis zur Klosterauflösung im Jahr 1802 zu den ältesten Klöstern Triers. Wahrscheinlich wurde es bereits unter dem fränkischen König Dagobert I. als königliches Eigenkloster gegründet. Wie im nahe gelegenen Pfalzel verwendeten die Franken bei ihren Klostergründungen gern große, solide Römerbauten weiter. In Pfalzel war es die Palastanlage, hier nutzten sie zwei nebeneinander liegende Lagerhäuser, die etwa zur gleichen Zeit wie der römische Palast in Pfalzel entstanden waren.

Die Hallen waren jeweils 70 Meter lang – also länger als die Palastaula, die nur unwesentlich älter sein dürfte – und 21 Meter breit. Zwischen ihnen befand sich eine Ladestraße, und im Inneren waren die Gebäude vermutlich durch hölzerne Stützen in drei Schiffe unterteilt. Man nimmt an, dass die Gebäude als Getreidespeicher, als *Horrea*, genutzt wurden. Die oben erwähnte römische Mauer, die immerhin auf 28 Metern Länge in dem Barockbau erhalten ist, war die Außenmauer der moselseitig gelegenen Lagerhalle. Durch die Ähnlichkeit ihrer Mauertechnik mit den Kaiserthermen nimmt man an, dass diese Getreidelager etwa um die Mitte des 4. Jahrhunderts gebaut wurden.

Die öffentlichen Großbauten der Römer waren derart solide gebaut und bestens fundamentiert, dass sie auch Jahrhunderte später noch stabil waren. Als politische Nachfolger der Römer installierten die Fran-

Auf einer bezaubernden Gänseblümchenwiese deuten Säulenreste an, dass in diesem Gelände einst eine römische Straße verlief.

Im wieder aufgebauten, barocken Westflügel des Klosters steckt die Außenmauer eines römischen Speichergebäudes aus dem 4. Jahrhundert. Bei der letzten Sanierung konservierte man das antike Mauerwerk, das der modernen Ausstattung des Versammlungs- und Festsaals einen besonderen Reiz verleiht. Die römische Mauer trennt den Saal von den Räumen dahinter ab.

kenkönige eines ihrer Verwaltungszentren in der Aula Palatina; sie gründeten ein Frauenkloster im Palast in Pfalzel und eines hier im ehemaligen antiken Hafenviertel. Man kann davon ausgehen, dass die königlichen Klosterstiftungen nicht in erbärmlichen Ruinen stattfanden, sondern die jahrhundertealten Römerbauten allenfalls renoviert und umgebaut werden mussten – wie es völlig normal war. Die später heilig gesprochene adelige Äbtissin Irmina, nach der das hiesige Kloster benannt ist, war vermutlich die Mutter jener Adula, der der König die römische Anlage in Pfalzel (S. 126) schenkte. Auch Adulas Kloster bekam nicht nur den antiken Palast als Immobilie, sondern den dazu gehörenden Grundbesitz, aus dessen Erträgen Adula den laufenden Betrieb bestreiten konnte. So war es auch hier: St. Irminen lebte von seinen Ländereien.

Der junge König Otto III. unterstellte das Irminenkloster im Jahr 1000 dem Trierer Erzbischof. Von der romanischen Klosterkirche des 11. Jahrhunderts stecken noch Mauerteile des Turmes in dem heutigen Turm, der neben der späteren, barocken Klosterkirche steht. Durch Ausgrabungen konnten die Mauerverläufe der lange schon zerstörten romanischen Klosterkirche dokumentiert werden.

Die heutige Kirche St. Irminen erinnert nicht zufällig an St. Paulin (S. 118), wurde sie doch, angeregt von deren Raum, ab 1768 von Jean Antoine gebaut. Auch der Name Christian Kretschmar ist mit St. Paulin eng verbunden; wahrscheinlich machte Kretschmar erste Pläne für St. Paulin, nachdem er sein Hauptwerk, die Abtei im saarländischen Mettlach, gebaut hatte. Auch für St. Irminen plante er neue, barocke Klostergebäude, die er zwischen 1726 und 1744 bauen ließ, und deren Gliederung an seine Mettlacher Abtei erinnern. Nach den dramatischen Zerstörungen der meisten Gebäude von St. Irminen baute man nur diesen einen, zur Mosel hin ausgerichteten Abteiflügel wieder auf, der die Kontinuität seit der Antike belegt.

St. Matthias (St. Eucharius)

St. Matthias ist das einzige erhaltene Benediktinerkloster von den einst vier mittelalterlichen Klöstern in Trier. Wer sich jedoch unter einer Abtei, deren Geschichte seit mehr als 1800 Jahren nachvollziehbar ist, etwas Museales vorstellt, einen Ort, an dem es nur Altes zu *besichtigen* gibt, den wird St. Matthias überraschen. Und wer aus der Innenstadt kommend, hier im Süden Triers aus dem Linienbus aussteigt, den wird die Mächtigkeit der Anlage erstaunen.

Grab-, Abtei-, Wallfahrts- und Pfarrkirche

Die Trierer sagen liebevoll, sie gehen *nach Mattheis*, die Mönche nennen ihre Abtei St. Eucharius; für Archäologen ist *Eucharius-Matthias mit der so genannten Albanagruft* ein aufregender, vieldiskutierter Befund; für Pilger ist das hiesige Apostelgrab des heiligen Matthias das Ziel. Alle diese Annäherungen drücken die so unterschiedlichen Funktionen aus, die in der Basilika St. Eucharius-St. Matthias vereint sind: Gegründet als *Grabkirche* der ersten Trierer Bischöfe Eucharius und Valerius – ihre Sarkophage stehen in der Krypta – in der Spätantike, entstand hier wegen dieser bedeutenden Grablegen die *Abteikirche*, die nach dem legendären Auffinden der Gebeine des Apostels Matthias als *Wallfahrtskirche* von vielen Pilger aufgesucht wird und seit dem 19. Jahrhundert als *Pfarrkirche* dient. Und seit dem Jahr 2005 bewältigen die Mönche mit der Gemeinde eine zusätzliche Aufgabe: Sie halten den liturgischen Betrieb mitten in einer Großbaustelle aufrecht. Außerdem hat niemand die Quellen zur Geschichte besser aufgearbeitet als die hiesigen Benediktiner.

›Stadtmönche‹ mitten im Leben

Die 18 Benediktiner, die heute hier leben und arbeiten, sind fest im städtischen Leben Triers verwurzelt. Sie sind ›Stadtmönche‹, die Gästen, Neugierigen und Pilgern mit jener Offenheit begegnen, die zur benediktinischen Gastfreundschaft gehört. Die Benediktiner

Lebendiges Mönchtum von der Antike bis ins 21. Jahrhundert: Die Matthiaswallfahrten führen jedes Jahr viele tausend Pilger zu dem einzigen Apostelgrab nördlich der Alpen. In der Krypta werden außerdem die Gräber der ersten beiden Trierer Bischöfe Eucharius und Valerius verehrt.

Daher trägt die Kirche ein doppeltes Patrozinium: St. Eucharius-St. Matthias. Die romanische Basilika erhielt Anfang des 16. Jahrhunderts einen spätgotischen Chor und ein entsprechendes Kreuzgewölbe.

Nach dem Dreißigjährigen Krieg wurden Kloster und Kirche barock ausgestaltet und erweitert. Zuletzt setzte man auf die drei Türme eine klassizistische Bekrönung. An der Fassade ist der heilige Matthias mit seinem Attribut, der Axt, und einem Evangeliar dargestellt.

VOS MEI
AMI ESTIS
CI
JOH. 15.14

Diese gotische Liegefigur, die den heiligen Matthias mit der Axt darstellt, wurde für das Matthiasgrab geschaffen, das vor dem Chor liegt. Der Legende nach hat die heilige Helena, die Mutter des Kaisers Konstantin, nicht nur den *heiligen Rock* (S. 72), sondern auch die Reliquien des Apostels Matthias nach Trier gebracht.

Unter der Klosteranlage und dem Stadtviertel dehnt sich auf einer großen Fläche von etwa 25 Hektar ein antikes Gräberfeld aus, das seit dem ersten nachchristlichen Jahrhundert dicht belegt ist. Von den mehr als 4000 römischen Steinsarkophagen, die teilweise in bis zu sechs Ebenen übereinander gestapelt waren – wie in St. Maximin (S. 116) – sind einige zwischen den zeitgenössischen Gräbern aufgestellt.

In der Krypta unter dem Chor der Kirche stehen ebenfalls zwei antike Sarkophage. Hier ruhen die Gebeine der Bischöfe Eucharius und Valerius, die als Gründer der Trierer Diözese gelten. Jemand hat ihre Namen im 18. Jahrhundert in die Sarkophage aus dem 3. Jahrhundert eingemeißelt.

arbeiten im Krankenhaus, Altenheim, als Richter am Amtsgericht, als Maurer, Verkäufer und Schreiner, sie führen hier ein Gästehaus, stehen als Pfarrseelsorger zur Verfügung, empfangen und begleiten viele tausend Pilger aus ganz Europa, widmen sich der Ökumene und wissenschaftlichen Aufgaben – und pflegen nicht zuletzt das weitläufige alte Anwesen, das, wie andere Trierer Klöster, immer wieder zerstört wurde und wieder aufgebaut werden musste.

Das Rätsel um Albana und die Bischöfe

Die Abtei St. Matthias liegt an der römischen Ausfallstraße nach Metz und wurde außerhalb der antiken Stadt im Süden gegründet – wie St. Paulin (S. 118) und St. Maximin (S. 116) im Norden. Die Kirche bildet den baulichen und geistigen Mittelpunkt der Anlage.

Nördlich der Kirche liegt der Friedhof, auf dem seit der Antike bestattet wird. Vor der so genannten *Quirinuskapelle* auf dem Friedhof führt eine Treppe hinab in die so genannte *Albanagruft*, die auf dem römischen Gräberfeld entstand. Hier steht ein ungewöhnlicher, antiker Sarkophag aus dem 3. Jahrhundert.

Außerdem gibt es in St. Matthias eine Bauinschrift aus dem 5. Jahrhundert, die auf den Bischof Cyrillus verweist: Darin wird eine Altarweihe zu Ehren der Heiligen Eucharius und Valerius erwähnt. Man nimmt an, dass die beiden Gründerbischöfe der Diözese Trier, Eucharius und Valerius, in der zweiten Hälfte des 3. Jahrhunderts gelebt hatten, also zur Zeit der Albana. Erst viel später wurde die Legende, die sich um diese nachweisbaren, historischen Persönlichkeiten rankt, schriftlich ausformuliert: Die Legende erzählt, dass die beiden Bischöfe zu der wohlhabenden Witwe Albana Kontakt gesucht hätten, als sie zum ersten Mal nach Trier kamen. Die Witwe, bereits getauft, nahm die beiden Christen in ihr Haus auf, das sich nunmehr als Versammlungszentrum der frühen christlichen Gemeinde etablierte. Wo das Haus stand, weiß man nicht. Aber auf dem hier in St. Matthias erhaltenen, einst farbenprächtig bemalten Sarkophagdeckel in der Albanagruft sind zwei Bildnisse zu sehen, und da man die Gebeine auf die Zeit um 270 nach Christus datieren konnte, hat man vermutet, dass es sich bei den beiden hier bestatteten Persönlichkeiten um das Ehepaar Albana handeln könnte. Damit könnte die Gruft als Grabstätte der Albana und ihres Mannes gedeutet werden.

Ob diese Herleitung zutrifft oder nicht: Tatsache ist, dass in der Abtei St. Eucharius-St. Matthias ungewöhnlich viele frühchristliche Befunde erhalten sind, die auf die frühesten Zeugnisse von Christen im römischen Trier verweisen. Weil hier schon so früh die Gräber der Trierer Gründerbischöfe verehrt wurden, siedelte sich vielleicht sogar schon im 4. Jahrhundert eine Gemeinschaft von Klerikern hier an. Im 8. Jahrhundert, in karolingischer Zeit, wird von Stiftungen berichtet, die der arm lebenden Gemeinschaft zu weiterem Grundbesitz verhalfen, um ihr Weiterbestehen zu ermöglichen. In dieser Zeit wird zum ersten Mal Eucharius als Kirchenpatron erwähnt; erst im 12. Jahrhundert taucht der Apostel Matthias als zweiter Kirchenpatron auf.

St. Maximin

Von außen sieht man es dem heutigen Kirchenbau von St. Maximin nicht an, dass sich darunter im Boden ein archäologischer Befund verbirgt, der einzigartig in Europa sein dürfte: Mehrere hundert antike Steinsarkophage liegen hier wie aufgestapelt – und dabei ist längst nicht alles ergraben. Die Sarkophage bestehen aus heimischem Sandsteinmaterial, das aus dem unteren Kylltal geholt wurde.

Die vor tausend Jahren europaweit ausstrahlende Reichsabtei St. Maximin liegt in der Nähe von St. Paulin (S. 118) im Norden der Altstadt, von der Porta Nigra (S. 20) nur ein paar Fußminuten entfernt – jedoch nur nach Anmeldung zu besichtigen. Das Kloster wurde 1802 aufgelöst, die Mönche vertrieben, und das Kirchengebäude von 1684 überlebte nur deshalb, weil es als Lagerhalle genutzt und ab 1815 von den Preußen als Kaserne ausgebaut wurde. Fünf Geschosse und lange Flure machten aus dem Kirchenraum eine Kaserne, die nach 1876 zum Teil auch als Garnisonkirche diente.

Dennoch, dieser Ort kann auf eine besonders lange Baugeschichte zurückblicken, die von außen nicht zu vermuten ist, weil die vielen Nebengebäude aus der Zeit der blühenden Abtei lange nicht mehr bestehen.

Begräbnisort der frühen Trierer Bischöfe

Bereits Mitte des 4. Jahrhunderts wurde an diesem Ort ein überdachter Friedhofsbau errichtet, der die bestehenden Grabbauten mit einbezog. Diese offenbar schon damals auch von christlichen Trierern genutzte Friedhofsbasilika, in der bestattet wurde, bildete im frühen Mittelalter den Ausgangspunkt für eine Abtei, die vom Königshaus persönlich gefördert wurde.

Wie Winfried Weber ausführt, geht man in Trier seit dem 8. Jahrhundert davon aus, dass Bischof Agritius an dieser Stelle eine Johanniskirche errichten ließ, in der er, und auch sein Nachfolger Bischof Maximin, bestattet wurden. Offenbar ließen sich danach, möglichst nah bei diesen besonders verehrten Bischöfen, weitere

Von außen recht ungewöhnlich: Die Kirche St. Maximin, die nach der Zerstörung ihres Vorgängerbaus 1674 durch die Truppen König Ludwigs XIV. nach 1680 mühsam neu gebaut wurde. Kloster und Kirche wurden 1802 aufgehoben, danach lange als Kaserne und bis 1976 als Schule genutzt.

Von innen überraschend: Der Raum ist nicht öffentlich zugänglich, denn er gehört zu einer Schule und ist als Sporthalle, Aula und Konzertsaal beliebt. Nur durch den aufwendigen Umbau und die Neunutzung der vormaligen Kaserne konnte das Bistum Trier als Eigentümer 1995 dafür sorgen, dass dieses Gebäude gerettet wird. Alle Einbauten sind reversibel, so dass spätere Generationen die Freiheit haben, das Gebäude wieder zur Kirche umzugestalten.

Das Bistum sorgte dafür, dass das Kirchengebäude erhalten wird, denn darunter befindet sich zwischen den Mauerresten der Vorgängerbauten ein frühchristlicher Bestattungsplatz: Hunderte Sarkophage sind in mehreren Lagen übereinander gestapelt. Teilweise sind sie nur grob behauen, teilweise aufwendig mit Figuren und Grabinschriften versehen – insgesamt ein beispielloser Befund, der Wissenschaftler noch viele Jahre beschäftigen wird.

Bischöfe hier bestatten – wohl Bischof Nicetius (S. 68), vielleicht auch Numerian, Basin und Weomad.

Der fränkische König Karl Martell, der Vater Karls des Großen, sah sich durch die Fürsprache des heiligen Maximin geheilt und bedachte das Kloster daraufhin großzügig mit Schenkungen. Seitdem wurde die Reichsabtei St. Maximin von den karolingischen Königen und von ihren Nachfolgern, dem ottonischen Königshaus, finanziell begünstigt.

Im Diözesanmuseum in Trier ist eine ausgemalte Apsis einer Krypta mit einem Kreuzigungsfresko zu sehen, die bei Ausgrabungen geborgen werden konnte und aus der Zeit um 900 stammen dürfte. Etwa Mitte des 10. Jahrhunderts wurde über dieser Kirche mit königlicher Hilfe ein ottonischer Neubau errichtet, der seinerseits seit dem 13. Jahrhundert mehrfach erneuert wurde. Von diesen über Jahrhunderte gewachsenen Gebäuden ließ der Krieg 1674 nur wenig übrig. Danach baute man den heute bestehenden Kirchenbau.

Der eigentlich Schatz liegt im Boden

Unter dem Fußboden dieser Kirche haben sich die antiken Sarkophage erhalten, die in Lagen übereinander stehen, weil mit der Zeit das Bodenniveau höher wurde. Einige wurden später als Fundamente der Kirche genutzt. St. Maximin war wie das Stift St. Paulin im Norden außerhalb der antiken Stadtmauern auf einem großflächigen, über Generationen hinweg genutzten Gräberfeld entstanden, das sich beidseits der römischen Ausfallstraße ausdehnte.

Eine Führung durch die langen, nur spärlich beleuchteten Gänge zwischen den nicht enden wollenden Reihen von tonnenschweren Sarkophagen wirft viele Fragen auf. Man weiß noch zu wenig über die Unterschiede der Bestattungsriten zwischen römischen Treverern, treverischen Christen und anderen Bewohnern der Moselregion. Die bewegenden Inschriften zeigen jedoch eines – dass Menschen seit Jahrtausenden um ihre Angehörigen ähnlich trauern.

St. Paulin

Ungewöhnlich und überraschend für Trier: Die Kirche St. Paulin ist eine Perle des Barock. Aus dieser Zeit ist in Trier durch den Krieg wenig erhalten.

Die Kirche liegt in der Nähe von St. Maximin, wie diese von der Porta Nigra gut zu Fuß erreichbar. Während an der Porta das quirlige Stadtleben herrscht, erlebt man nur wenige Gehminuten davon entfernt vor St. Paulin einen beinahe ländlichen Kontrast. Dieser Wechsel ist durchaus typisch für die Stadt: Schnell wird es in Trier privater und gänzlich untouristisch, nahezu dörflich, wenn man hinter den berühmten Attraktionen nur einige Minuten zu Fuß weiter geht.

Hinter alten Bäumen beherrscht der auffällige, helle Kirchturm von St. Paulin den grünen Platz im Winkel von Balthasar-Neumann-Straße und Alkuinstraße. Die überschlanke, nach oben drängende Turmform ist sparsam, jedoch ausgesprochen raffiniert konstruiert.

Tatsächlich wird St. Paulin als typische Rokoko-Landkirche aus dem 18. Jahrhundert beschrieben. Wie der Straßenname vermuten lässt, wird sie oft dem berühmten Baumeister Balthasar Neumann allein zugeschrieben, der bei seinen Kirchen gern den Turm, wie hier, in die Fassade eines Saalbaus einbezog.

St. Paulin bauten mehrere Baumeister

Es wäre jedoch unfair, dem bekannten Barockbaumeister die gesamte Arbeit zuzuschreiben. Denn der heutige Bau wurde bereits 1734 begonnen und 1757 geweiht, während die ersten belegbaren Entwürfe Neumanns erst von 1744 stammen; damals hatte Scheffler bereits das Deckenfresko vollendet. Natürlich kann es sein, dass ältere Pläne verschwunden sind, doch das bleibt Spekulation. Neumann zeichnete 1744 das Portal, die Sakristei, Altäre und Details, doch die eigentlichen Baupläne müssen mehr als zehn Jahre älter sein.

Sie stammen wahrscheinlich von dem Architekten der Abtei in Mettlach, Christian Kretschmar, der zugleich an der Abtei St. Irminen (S. 108) baute. Für die

Auf der Wiese vor St. Paulin steht ein Säulenkreuz, das dem Marktkreuz auf dem Hauptmarkt (S. 90) ähnelt. Das Kreuz vor St. Paulin wurde wohl um 1088 von Propst Cuno errichtet.

Als der Augsburger Maler Christoph Scheffler 1743 das Deckengemälde schuf, das die Geschichte des heiligen Paulinus zeigt, bezog er das Säulenkreuz in sein Bildprogramm mit ein. Paulinus war der einzige, der dem Kaiser bei der Verurteilung des Bischofs Athanasius widersprochen hatte – er bezahlte seine Standhaftigkeit mit der Verbannung.

Ausführung von St. Paulin war als örtlicher Bauleiter der Trierer Augustinermönch Joseph Walter verantwortlich. Finanziell ermöglicht wurde der aufwendige Kirchenneubau von dem damaligen Trierer Kurfürsten Franz Georg von Schönborn (1729–1756), der zugleich das Amt des Propstes von St. Paulin innehatte, doch die Kirchenweihe im Jahr 1757 nicht mehr ausführen konnte. Sein Monogramm verarbeitete der Hofschlosser Johannes Eberle 1775 künstlerisch im Chorgitter.

Paulins Geschichte beginnt in der Antike

Doch St. Paulin wäre nicht so wichtig für die Trierer Stadtgeschichte, wenn die Geschichte des vormaligen Stiftes nicht weiter als bis ins 18. Jahrhundert zurück reichte. Die Stiftsgeschichte von St. Paulin geht, wie bei der Nachbarabtei St. Maximin, auf einen antiken Bau zurück, der bereits im 4. Jahrhundert für den in der Verbannung im Jahr 358 gestorbenen Märtyrer und Bischof Paulinus gebaut wurde. Hier wie dort entstand der frühchristliche Kirchenbau auf einem antiken Gräberfeld außerhalb der befestigten römischen Stadt; hier wie dort wurde das Stift im Krieg 1674 zerstört, danach – zur heutigen Kirche – wieder aufgebaut – und 1802 endgültig aufgehoben. Seitdem ist St. Paulin eine katholische Pfarrkirche mit Friedhof und Friedhofskapellen. Hier wird außer dem heiligen Paulin besonders die Volksheilige und Ursulinin Blandine Merten aus Ahrweiler verehrt, die von vielen Menschen bei Beinleiden um Hilfe gebeten wird.

Wirkt St. Paulin von außen bereits äußerst raffiniert und fein gegliedert, so ist der Innenraum ein einziger Rausch an schwirrender, flirrender Bewegung: Ein Raum, der seit der Restaurierung 1991 hell und lichtdurchflutet wirkt und einen Kontrast zu der ruhigen Umgebung der Pfarrkirche bildet. Beinahe überirdisch scheint der Raum wie eine Melodie zu schwingen. Er versteht sich als gebautes Abbild dessen, was ein gläubiger Katholik in den gegenreformatorischen Vorstellungen des 18. Jahrhunderts nach seinem Tode im Himmel erwarten darf. Der Saal ist in ein mildes Licht getaucht, seine Außenmauern sind auf Pfeilerbreite reduziert. In diesem Barockraum scheinen Himmel und Erde zusammen zu rücken. Ein im Rheinland einzigartiges Deckengemälde überwölbt den Saal.

Das Deckengemälde von Scheffler

Das Deckengemälde wurde von seinem Urheber 1743 signiert. Es gilt als Hauptwerk des Augsburger Malers Christoph Thomas Scheffler, eines Schülers von C. D. Asam. Scheffler zeigt die Geschichte des Kirchenpatrons Paulinus und das legendäre Martyrium der Thebäischen Legion. Paulinus, einer der frühesten Trierer Bischöfe, konnte dem Kaiser bei der Verurteilung des Athanasius, eines Gegners des Arianismus, nicht zustimmen und wurde dafür nach Anatolien in die Verbannung geschickt. Doch unmittelbar nach seinem Tod holte man ihn wieder nach Trier, und bereits Ende des 4. Jahrhunderts ist belegt, dass seine Gebeine hier in der Krypta verehrt werden.

Als Scheffler sein Gemälde 1743 vollendet hatte, bekam er nicht nur Lob. Wegen seiner gefühlsbetonten, barock-schweren und sehr katholisch empfundenen Emphase wurde er als *altertümelnd* kritisiert. Der Publikumsgeschmack hatte sich mittlerweile geändert, und man bevorzugte auch für kirchliche Gemälde die heitere, duftige Darstellungsweise, die man fast lautmalerisch verspielt *Rokoko* nennt.

Scheffler schuf nicht nur das Deckengemälde, sondern auch eines der Wandbilder, das den heiligen Paulinus auf seiner Predigtreise zeigt. Weitere Ölgemälde verdanken sich dem Maler Jean Louis Counet aus Lüttich und dem Trierer Johann Peter Weber.

Der Anteil von Balthasar Neumann an der Innenraumgestaltung ist unübersehbar; dass der Raum bis ins Detail so gelungen ist, verdankt er Künstlern wie Scheffler, Ferdinand Tietz und vielen unbekannten.

Meisterhafte Bühnenarchitektur wie ein Versprechen auf das Leben im Himmel:

Der Raum von St. Paulin suggeriert ein Schweben, ein Vor- und Zurückschwingen von Architektur, Skulpturenschmuck und Malerei.

Jesuitenkirche und Priesterseminar

Der heutige Gebäudekomplex hat in den vergangenen Jahrhunderten viele Menschen ein- und ausziehen sehen: Sie waren Franziskaner, Jesuiten, Universitätsangehörige, evangelische Christen, Schüler, Bibliotheksnutzer. Heute befindet sich hier, in der Jesuitenstraße, nur wenige Schritte von der Basilika entfernt (S. 44), die 1773 gegründete Katholisch-Theologische Fakultät mit dem Bischöflichen Priesterseminar. Die neben dem Priesterseminar an der Straße stehende, in Trier *Jesuitenkirche* genannte Seminarkirche des Priesterseminars ist der *heiligen Dreifaltigkeit* geweiht.

Die Kirche steht mitten im Trierer Stadtzentrum, weil sie von Bettelmönchen, Franziskaner-Minoriten, gebaut wurde. Die Mönche errichteten hier in den Jahren um 1230/40 einen einfachen, gotischen Hallenbau ohne Turm. Franziskaner haben sich zur Armut verpflichtet und konzentrieren ihre Arbeit auf die Versorgung der Menschen in der Stadt. Deshalb schufen sie in den Städten, in denen sie sich seit dem 13. Jahrhundert niederließen, zwar große, steinerne Kirchenbauten, doch verzichteten sie auf Statussymbole wie Türme und gliederten ihre Räume sehr klar nach den praktischen Erfordernissen als Predigtraum. Hier bauten sie zunächst einen gotischen Chor, der in dem noch erhaltenen Chor steckt, und daran anschließend eine flach gedeckte Hallenkirche, die sie später um ein nördliches Seitenschiff erweiterten.

Das Jesuitenkolleg aus römischen Steinen

Mehr als dreihundert Jahre danach zwingt der Kurfürst, Jakob von Eltz, die Franziskaner, ihre Arbeit hier aufzugeben und ihr Kloster zu verlassen. Er quartiert die Mönche um und übergibt ihre Klostergebäude 1570 den Jesuiten, die er nach Trier geholt hatte, weil er sich von ihnen Reformimpulse des Konzils von Trient erhoffte.

Die Jesuiten benutzen die Franziskanerkirche weiter und erweitern sie erst Generationen später; sie än-

Details am Außenbau der Kirche zeigen deutlich, wie durchdacht und kompliziert selbst ein vermeintlich ›einfacher‹ gotischer Kirchenbau wie dieser gestaffelt ist.

Der älteste Teil der dreischiffigen Hallenkirche ist der Chor, den Franziskanerminoriten um 1230/40 bauten – ohne Nebenchöre. Vom Chor ausgehend, bauten sie das Mittelschiff. Erst nach 1739 fügten die Jesuiten das südliche Seitenschiff und die Nebenchöre in gotisierenden Formen an.

Die Franziskaner hatten ihre Kirche der Muttergottes geweiht; erst die Jesuiten, die diese Kirche 1570 von den Franziskanern übernahmen, änderten das Patrozinium: Seitdem heißt sie *Dreifaltigkeitskirche*, wird jedoch in Trier *Jesuitenkirche* genannt.

dern jedoch den Titel der bis dahin Maria geweihten Kirche und geben ihr den bis heute gebräuchlichen Namen *Dreifaltigkeitskirche.* Außerdem bauen sie um das Jahr 1610 eine Krypta unter dem jetzigen Südchor als Begräbnisstätte. Dort werden bis 1773 etwa 250 Menschen bestattet, unter anderem der Jesuit Friedrich Spee (1591–1635), der mutig und entschlossen für die Menschenrechte kämpfte. Ihm zu Ehren wird die Krypta *Spee-Gruft* genannt.

Was die Jesuiten bei der Übernahme der Gebäude dringender brauchen als eine neue Kirche, sind Wohn- und Schulungsräume für ihr Kolleg. Sie erwerben 1611 die Ruinen der Barbarathermen (S. 34) als Steinbruch für ihre neuen Kolleggebäude. Aus den römischen Steinen errichten sie bis 1614 südlich der Kirche einen dreigeschossigen Gebäudekomplex: Drei Flügel ordnen sich um einen annähernd quadratischen Innenhof an, dessen vierte Seite von der bestehenden Kirche gebildet wird. Der Südflügel wird dann so verlängert, dass dadurch der bis heute erhaltene Gebäudetrakt von 1614 mit einem Innenhof entsteht. Ein kunstvoll geschmiedetes Gitter trennt heute den Hof von der Straße. Die Gebäudefassade wird durch zwei kräftige Treppentürme und einen mittigen Giebel betont.

Erst lange nach diesen Baumaßnahmen, seit 1740, beginnen die Jesuiten damit, nun auch den Kirchenbau aus dem 13. Jahrhundert zu modernisieren: Sie erweitern den gotischen Chor, indem sie Nebenchöre anbauen, und das bestehende zweischiffige Langhaus, indem sie ein südliches Seitenschiff anfügen.

Interessanterweise lassen sie die Ergänzung des Langhauses nicht in den damals üblichen spätbarocken Formen ausführen, sondern verwenden den älteren, gotischen Baustil, so dass man meinen könnte, das südliche Seitenschiff stamme aus dem 13. Jahrhundert. Die Jesuiten greifen eine fünfhundert Jahre alte Formensprache auf und bauen ›historisch‹ – zugunsten der einheitlichen, symmetrischen Raumwirkung.

Das Jesuitenkolleg wird 1773 aufgehoben, das Priesterseminar gegründet

Wiederum zweihundert Jahre später müssen auch die Jesuiten weichen, denn nun wird die ›Gesellschaft Jesu‹, stets ein konservativer Gegner der Aufklärung, 1773 von Papst Clemens XIV. verboten. Wenige Monate danach gründet der Trierer Kurfürst und Erzbischof Clemens Wenzeslaus von Sachsen das nach ihm benannte katholische Priesterseminar, das *Seminarium Clementinum*.

Es sollte allerdings noch ein paar Jahre dauern, bis das Priesterseminar in die ehemaligen Kolleggebäude der Jesuiten einzog, denn zunächst wurde hier die alte, 1473 gegründete Trierer Universität untergebracht, deren Professoren im Jesuitenkolleg schon immer Vorlesungen gehalten hatten. Zugleich ließ der Kurfürst zwischen 1775 und 1779 hier das so genannte *Clementinum* bauen, bis heute das Hauptgebäude des Bischöflichen Priesterseminars, das im frühen 20. Jahrhundert mehrfach erweitert wurde. Das Clementinum wurde nach Plänen des erfahrenen kurfürstlichen Hofarchitekten Johannes Seiz errichtet, der Jahre zuvor, 1761, auch den bis heute erhaltenen Südflügel des Kurfürstlichen Palais (S. 52) gebaut hatte.

Im Südflügel der barocken Kolleggebäude ist noch der prachtvolle Lesesaal von 1615 erhalten, der eine jüngere Stuckdecke von 1732 besitzt und von ionischen Säulen gegliedert wird. Die Trierer Universitätsbibliothek selbst bestand seit 1722, und nach der Aufhebung des Jesuitenordens 1773 wurde sie mit dessen wertvollen Bücherbeständen zusammengeführt. Damit schuf der Kurfürst den Grundstock für die 1804 gegründete Stadtbibliothek, die heute nur einige Schritte vom Priesterseminar entfernt im *Weberbach* liegt.

Kaum gegründet, erlebte das Priesterseminar durch die Französische Revolution turbulente Zeiten. Es wurde zunächst geschlossen und teilweise enteignet. Doch im Jahr 1801 konnte Papst Pius VII. mit Napoleon ein Konkordat schließen, das wieder die freie Religionsausübung erlaubte, und auf dieser Grundlage konnte das Priesterseminar 1805 wieder öffnen. Seit dieser Zeit dient es – mit kurzen Unterbrechungen – als Ausbildungsstätte des Bistums Trier für den Priesternachwuchs.

Das Priesterseminar im ehemaligen Kolleggebäude der Jesuiten besitzt ein kunstvolles Holzportal.

Die Spee-Statue im südlichen Seitenschiff schuf der Kölner Bildhauer Wilhelm Albermann 1897. Der Jesuitenpater und Professor Friedrich Spee veröffentlichte 1631 anonym seine mutige Kampfschrift gegen den Hexenwahn mit dem Titel *Cautio criminalis*. Er starb am 7. August 1635, nachdem er sich bei der Pflege pestkranker Soldaten angesteckt hatte, und wurde in der Krypta beigesetzt.

Pfalzel

Heutzutage ist Pfalzel bezaubernd. Der idyllisch gelegene Vorort von Trier ist so ganz in die Natur eingebettet und wird moselseitig durch eine Mauer von den umliegenden Wiesen getrennt. Heute eine begehrte Wohnlage, Jahrhunderte zuvor ein gefährliches Pflaster. Nicht nur wegen der Hochwassergefahr, sondern wegen den wechselnden Landesherren, die Pfalzel aus verschiedenen Gründen reizvoll fanden.

Das Stadtbild ist historisch geprägt, hier scheint die Zeit stehen geblieben zu sein. Doch Pfalzel ist ein Wohnort, kein Freilichtmuseum. Die alten Gassen sind schmal und gewunden, öffnen sich unvermittelt zu Höfen und Durchgängen, die wie private Schleichwege wirken und doch öffentliche Wege sind. Dadurch verhält man sich im Pfalzeler Ortskern unwillkürlich leise, man bewegt sich immerhin zwischen Privathäusern. Wer hier wohnt, lebt in und auf römischen Mauern.

Moderne Wohnidylle im römischen Palast

Pfalzel geht auf das lateinische Wort *Palatiolum, kleine Pfalz*, zurück, im Unterschied zum *Palatium*, dem (großen) Trierer Palast. Die kleine Pfalz entstand wie die *Aula Palatina* in der Residenzstadt im 4. Jahrhundert. In Trier regierte man, und in Pfalzel lag der Sommersitz. Hier erholte man sich von der Politik.

Kaum verlässt man Trier entlang der Mosel in nördlicher oder südlicher Richtung, wird es ländlich – und immer römisch. Hier lagen vor zwei Jahrtausenden auch schon Weiden, Getreide- und Gemüsefelder. In den Militärstädten am Rhein wurde Vieles benötigt, sie boten einen lukrativen Absatzmarkt für die gallischen Treverer. Hunderte Villen im Hunsrück und der Eifel, Mengen archäologischer Funde in den Trierer Museen, feinste Mosaiken und Gebrauchsdinge aller Art verweisen auf die sehr mobile gallisch-römische Gesellschaft, die von und mit der Mosel lebte. Bereits die Kelten hatten überregionale Handelsbeziehungen gepflegt, ihre Fernstraßen verliefen via Pfalzel, Ruwer und Trier. Daher bietet der Moselradweg die anschaulichste Art, diese fruchtbare Landschaft zu erfahren. Pfalzel liegt kaum eine halbe Radstunde von Trier entfernt.

Der Römerpalast wird Frauenkloster

Die Römer bauten in Pfalzel zwar nach eigener Bewertung einen *kleinen* Palast, der ganz so klein jedoch nicht war: Immerhin maß der rechteckige Gebäudekomplex 65 Meter in der Länge und war 56 Meter breit. Die Palastaula (S. 44) würde also zweimal darin Platz finden. Durch Ausgrabungen ist der Palast, der mindestens drei Geschosse hoch war, dokumentiert.

Die römischen Mauern sind in den Kirchenmauern der alten Stiftskirche und in dem benachbarten gotischen Haus in mehreren Metern Höhe erhalten (Foto S. 129). Der römische Palast war in karolingischer Zeit noch immer in so gutem Zustand, dass man darin ein Benediktinerinnenkloster einrichten wollte.

Zur Erinnerung: Das Palatiolum wurde um die Mitte des 4. Jahrhunderts zu einer Zeit gebaut, als in Trier die langjährige Baustelle der Palastaula noch nicht oder vielleicht gerade abgeschlossen war, die Dauerbaustelle

Lange schon zum Wohnen genutzt: Der Zugang zur ehemaligen Erzbischöflichen Burg, die, wie das ältere Benediktinerinnenkloster, in die römische Residenz hinein gebaut wurde.

Die Festungsmauer des 16. Jahrhunderts grenzt den 4000-Seelen-Ort Pfalzel von den umgebenden Wiesen und Feldern ab. Im 18. Jahrhundert entstand der kleine Eckpavillon.

der *Kaiserthermen* (S. 38) einem Planwechsel unterlag und nunmehr zur Kaserne umgebaut wurde, und ein Gebäudekomplex in Forumsnähe zu Thermen ausgebaut wurde, die heute *Thermen am Viehmarkt* (S. 36) genannt werden. In den Erdgeschossräumen in Pfalzel fanden Archäologen mehrere Schichten von Mosaikböden und Wandmalereien, die zeigen, dass die Römer auch dieses Gebäude mehrfach umnutzten und umbauten. Das Palatiolum wurde offenbar auch längere Zeit von Soldaten bewacht, die vor dem Palast stationiert waren, denn bei den Ausgrabungen konnte man ein Truppenlager nachweisen.

Der Übergang vom Römerreich zum Frankenreich verlief schleichend, über mehrere Generationen. Keine hundert Jahre, nachdem die offizielle Verwaltung des riesigen Römerreichs um die Mitte des 5. Jahrhunderts zusammengebrochen war, bemächtigten sich die Frankenkönige des Landes und bauten sich in Trier wie in Pfalzel die solide gebauten Reste der römischen Anlagen für ihre Zwecke um. Zunächst, um 590, die Merowinger, danach die Karolinger. Es waren unruhige Zeiten, in denen kein Landesherr ohne Mauern auskam. Daher waren die Wohnsitze des Adels befestigt.

Wo Könige und deren Verwalter residieren, entstehen oft zur Versorgung der Frauen der Oberschicht Stifte; in Pfalzel gründet Adula, selbst aus höchsten adeligen Kreisen, um das Jahr 700 ein Frauenkloster, das durch das Königshaus selbst ausgestattet wird. Bereits unter dieser ersten Äbtissin Adula, wohl einer Tochter der Irmina (S. 108), entsteht eine erste Kirche aus Stein. Adula lässt sie in das bis heute vom Platz aus erkennbare römische Palastgebäude hinein bauen.

Klöster bildeten zu dieser Zeit Anlaufstellen für Reisende aus ganz Europa, und so ist für das Jahr 721 der Besuch von Bonifatius bei Adula überliefert, der weite Wege zurücklegte, um das Christentum zu verkünden. Die Äbtissin vertraut ihm ihren Enkel Gregor an, der Bonifatius fortan auf seinen Missionsreisen begleitet.

Offenbar hatte der Missionar guten Einfluss auf den Enkel: Gregor wurde später wohl Bischof von Utrecht, und nach seinem Tode wurde er heilig gesprochen.

Die Zollstelle – legalisierte Wegelagerei

Keine 300 Jahre später entsprach das Stiftsleben in Pfalzel offenbar nicht mehr den strengen Regeln, die damals den Benediktinerinnen auferlegt wurden; Erzbischof Poppo von Trier, seinerseits reisefreudig und eng mit dem weit gereisten Mönch Simeon befreundet (S. 24f.), hob das Damenstift im Jahr 1027 kurzerhand auf und gründete ein Kanonikerstift.

In einem anderen Teil der römischen Palastanlage errichtete der Trierer Erzbischof Albero von Montreuil in der ersten Hälfte des 12. Jahrhunderts eine Burg, in der er manchmal aus Sicherheitsgründen wohnte. Diese Burg wurde hundert Jahre später so ausgebaut, dass sie den Trierer Erzbischöfen bis ins 16. Jahrhundert immer wieder als Zufluchtsort nützte. Zwischen 1260 und 1286 verbrachte der Bischof in Pfalzel auch oft die Sommer. Immer wenn es Ärger gab mit den wirtschaftlich und damit politisch stärker werdenden Bürgern von Trier, zogen die Bischöfe nach Pfalzel um und regierten von der ehemaligen römischen Residenz aus ihr Kurfürstentum.

Ein Fluss wie die Mosel, auf den jedes Handelsschiff angewiesen ist, ermöglicht oft eine willkommene Einkommensquelle. Als es um 1370 wieder einmal Ärger zwischen den Trierer Bürgern und dem Erzbischof gab, damals Kuno von Falkenstein, eröffnete Kuno kurzerhand in Pfalzel seine Zollstelle: Er ließ eine Kette quer über die Mosel spannen, die dafür sorgte, dass kein Schiff ohne Zollzahlung passieren konnte.

Der Zoll bescherte ihm im 14. Jahrhundert zuverlässige Einkünfte, bald konnte der Erzbischof in Pfalzel auch Münzen prägen lassen. Mit seiner legalisierten Wegelagerei machte er sich allerdings wenig Freunde und musste daher auf starke Schutzmauern vertrauen.

Geheimnisvolle Wege in Pfalzel, hier der Durchgang zur Befestigung aus dem 16. Jahrhundert.

Der Ostflügel des 1802 aufgelösten Stiftsklosters beherbergt ein Hotel und ein Restaurant mit Terrasse.

Die moderne Stadtbefestigung von 1539 hilft nicht gegen Brandschatzung

Reichtum weckt Begehrlichkeiten, man muss immer wieder in modernere Befestigungssysteme investieren, weil sich nichts so schnell weiter entwickelt wie die Waffentechnik. So ließ Erzbischof Johann von Metzenhausen die alten Mauern bis 1539 durch eine moderne Festungsanlage ersetzen, die einem Geschützkampf standhalten konnte. Der Grundriss dieser Festung beschreibt ein unregelmäßiges Sechseck. Bis heute prägt die Festung des 16. Jahrhunderts den Ort Pfalzel, besonders vom Nordosten, vom Moselufer. Der Erdwall, der von Mauern gestützt wird, ist heute ein beschaulicher Park, der höher liegt als die Landschaft um Pfalzel herum. In der moselseitigen Eckbastion entstand im 18. Jahrhundert ein Gartenpavillon (Foto S. 126).

Der Festungscharakter des 1969 eingemeindeten Trierer Vorortes Pfalzel erinnert daran, dass seine Einwohner in früheren Jahrhunderten viel Leid ertragen mussten. Pfalzel war oft ein Zankapfel rivalisierender Landesherren. Tragisch war das Jahr 1552, als die Truppen Albrechts von Brandenburg die gesamte Stadt niederbrannten. Die überlebenden Pfalzeler bauten danach ihre Häuser wieder auf.

Mehrere Generationen später war es wieder so weit. Nun kamen französische Revolutionstruppen. Als sie Pfalzel 1773 besetzten, schien es glimpflicher abzugehen. Doch keine vier Jahre später brannte die Stadt abermals vollständig nieder. Danach hatten die Pfalzeler keine Kraft und kein Geld mehr, ihre Häuser wieder aufzubauen. Wie alle Klöster wurde mit der Säkularisation 1802 auch das alte Pfalzeler Kloster aufgelöst, die Kleriker wurden vertrieben. Danach interessierte sich kaum jemand mehr für Pfalzel. Die Einwohner brachten ihre Tiere und ihre Ernte in der funktionslosen Burg unter, nutzten die alten Burg- und Klostergemäuer zum Wohnen und als Scheunen weiter. Nur dadurch blieben große Teile davon erhalten – bis heute.

Das Kloster wurde mit der Stiftskirche St. Maria in das römische Palatiolum hinein gebaut. Nach starken Kriegsschäden wurde die katholische Pfarrkirche 1961 von dem Trierer Architekten Otto Vogel erweitert, die alte Kirche ist jetzt der Querarm. Hier sind die antiken Mauern mehrere Meter hoch erhalten.

Igeler Säule

Die Igeler Säule, ein 23 Meter hohes Pfeilergrabmal aus dem frühen 3. Jahrhundert, steht in Igel, etwa acht Kilometer südlich von Trier. Hier führt die Bundesstraße entlang, die Trier mit Luxemburg verbindet. Das römische Denkmal steht auf einem zurückgesetzten kleinen Platz.

Sie ist das besterhaltene und höchste römische Pfeilergrabmal nördlich der Alpen und wurde 1986 in die UNESCO-Welterbeliste aufgenommen. Ein romantischer Weg mit Parkbänken führt dahinter den Hang hinauf zur alten Pfarrkirche mit dem Friedhof.

Das oben erkennbare Hauptbild des Grabdenkmals zeigt eine Abschiedsszene mit drei Personen. Die Igeler Säule ist ein *Grabmal*, sie dient dem Gedenken der angesehenen Tuchmacherfamilie der Secundinier und wirbt zugleich für ihr Familienunternehmen.

Der Pfeileraufbau ist klassisch: Basis und Sockel tragen den Hauptteil, der mit Fries, Attika und Giebeldreieck abschließt und von einem vier Meter hohen Dach bekrönt wird.

Sie ist 23 Meter hoch, sie ist original römisch, und sie steht noch immer an ihrem ursprünglichen Platz. Die berühmte Igeler Säule ist etwa 1800 Jahre alt.

Warum heißt der Ort *Igel*? Vor zwei Jahrtausenden lag an dem heute eingemeindeten Vorort von Trier eine Siedlung von Handwerkern und Händlern, vor allem Tuchhändlern. Der Ort trug den lateinischen Namen *Aquila*, Adler. Daraus enwickelte sich, wie im englischen Wort *eagle*, der genauso gesprochene Ortsname *Igel*. Auch auf der Spitze des Grabdenkmals ist ein Adler zu sehen: Das überschlanke steinerne Schuppendach endet in einem Pinienzapfen, auf dem der Adler des Jupiter sitzt und unter seinen – heute stark verwitterten – Flügeln Ganymed trägt, den er entführt.

Dass die Igeler Säule, die wohl in der ersten Hälfte des dritten Jahrhunderts nach Christus aus rotem Sandstein gemeißelt wurde, noch an ihrem alten Aufstellungsort steht, verdankt sie vielen Zufällen.

Legenden können Denkmäler retten

Dazu gehört vor allem die alte Legende, dass auf dem Hauptrelief der Säule eine *christliche* Darstellung zu sehen sei. Denn im christlichen Europa galt es eben oft als Entscheidungskriterium, ob alte Steine *christlichen* oder *heidnischen* Ursprungs sind, wenn es darum ging, ob man sie als Steinbruch verwenden durfte oder schützte. Irgend jemand hatte die verwitterte Abschiedsszene als eine christliche Vermählungsszene der heiligen Helena gedeutet, und seitdem genoss es den Schutz der römisch-katholischen Kirche.

Immerhin wurde Helena, die Mutter des römischen Kaisers Konstantin, im Trierer Dom seit dem frühen Mittelalter besonders verehrt. Denn der Legende nach war sie es, die im hohen Alter eine Pilgerfahrt nach Jerusalem unternommen hatte und von ihrer Reise den *heiligen Rock* als eine wertvolle Reliquie des christlichen Abendlandes nach Trier gebracht haben soll.

Chronologisch gesehen, konnten die Eltern Kaiser Konstantins keine Christen sein, ihr Sohn Konstantin ließ sich selbst erst auf dem Sterbebett taufen. Man kann davon ausgehen, dass Helena ohnehin nie mit Konstantins Vater Constantius Chlorus verheiratet war, sondern aus sehr niedrigem sozialen Stand kam und als eine der Geliebten des Kaisers aufstieg. Immerhin erhob Konstantin seine hochbetagte Mutter aus familienpolitischen Gründen im Jahr 324 zur *Augusta*, zur Mitkaiserin, und die zeitgenössischen Geschichtsschreiber hatten die Aufgabe, über eine Kaisermutter nur Gutes zu schreiben. Davon abgesehen, stand die Igeler Säule hier damals schon seit Generationen.

Ein besonderer Glücksfall

Mit Sicherheit gab es viele ähnlich aufwendig bearbeitete, auch sehr hohe Grabmale wie dieses, finanziert von reichen römisch-gallischen Unternehmern wie diesen Tuchhändlern und anderen wohlhabenden Kaufleuten und Großgrundbesitzern, die in Villen lebten, deren Ausdehnung mit Barockschlössern vergleichbar war – doch die meisten Grabmale wurden zerstört. Wer es sich leisten konnte, ließ das Erinnerungsmal

seiner Großfamilie möglichst dicht am Straßenrand von überregional verlaufenden Landstraßen aufstellen, auf denen Händler und Truppen reisten und eine öffentliche Wahrnehmung garantierten. Die ›besten Plätze‹ waren begehrter und daher teurer als andere, abgesehen von den Steinmetzarbeiten.

Verstorbene Angehörige sind immer dabei

Dennoch, treverische Römer oder römische Treverer waren religiöse Menschen, die für das Totengedenken mitunter großen Aufwand betrieben. Man sah sich eben eingebunden in eine Großfamilie, die Gesellschaft war durch Familienbande miteinander verknüpft, und es war schon hilfreich, seine eigene Herkunft aus einer möglichst alten, verdienstvollen Familie herzuleiten. Das Igeler Pfeilerdenkmal ließen die beiden Unternehmerbrüder *Lucius Secundinius Aventinus* und *Lucius Secundinius Securus* für sich und ihre Familienmitglieder entwerfen. Der Anlass war vermutlich der Tod eines Sohnes beziehungsweise Neffen.

Die beiden Secundinier ließen alle vier Seiten des hohen Pfeilers mit Reliefs verzieren, in denen sie viele Alltagsaspekte aus ihrem Familienbetrieb darstellten und von mythologischen Gestalten rahmten. Diesseits und Jenseits waren nicht trennbar. Detaillierte Szenen zeigen den Transport von Stoffen zu Lande und zu Wasser – die Mosel liegt wenige Meter entfernt –, die Begutachtung eines Stoffballens, der von Einheimischen geliefert wurde, eine Szene im Ladenlokal und in der Küche, die Familie beim festlichen Essen.

Selbstverständlich war die Igeler Säule farbenprächtig bemalt, wie damals üblich, und zwar so, dass alles sehr lebendig und plastisch wirkte. Wenn man heute antike Farbfassungen simuliert, sind sie oft grob; mit Sicherheit jedoch ließen wohlhabende Unternehmer keine mittelmäßigen Maler an einem Statussymbol wie diesem arbeiten. Deshalb kann die Rekonstruktion der Igeler Säule im Hof des *Rheinischen Landesmuseums Trier* zwar gut vermitteln, wie farbintensiv antike Bildwerke waren, gibt aber keinesfalls die Qualität der Malerei wieder. Die Secundinier hatten Geschmack *und* Geld, sie beschäftigten sich über Generationen täglich mit teuren Stoffen und eleganten Farben. Uns hinterließen sie einen besonderen Einblick in ihr Leben.

Vom Hang aus kann man die Szenen aus der Nähe betrachten. Das linke Bild zeigt die Westseite der Säule. Oben ist ein römischer Reisewagen mit Maultier oder Esel dargestellt. Darunter – schwer erkennbar – sind Landpächter zu sehen, die bei der Familie der Sekundinier ihre Pacht in Naturalien abliefern: Sie bringen Tiere und Früchte.

Im Tal erstreckt sich Igel zu beiden Seiten der Bundesstraße, im Hintergrund die hügelige Mosellandschaft.

Schloss Monaise

Schloss Monaise ist eine Überraschung! Und das gleich in vielerlei Hinsicht. Wer von Trier den Rad- und Spazierweg entlang des Moselufers genommen hat, erblickt unvermittelt in einer halb wilden, halb kultivierten Parklandschaft zwischen prachtvollen alten Bäumen am linken Moselufer ein schneeweißes Schloss. Ein strenges, klares Gebäude mit ionischen Säulen, wie man sie von antiken Tempeln kennt. So etwas hatte es bis dahin in Kurtrier nicht gegeben. Monaise bricht 1783 radikal mit der hier bekannten Bauweise.

So ein kleines, kompaktes Schloss kennt man eher als Palladianische Villa im Veneto oder als französisches Schloss, wie im Park von Versailles. Dabei steht dieses Schloss mit dem Namen *Monaise* – von *mon aise*, mein Behagen, meine Ruhe oder meine Muße – im Trierer Stadtteil Zewen, der wegen seines kleinen Mosel-Yachthafens bekannt ist.

Wer allerdings mit dem Auto nach Monaise kommt, wird von einem weniger idyllischen Bild empfangen, denn das Industriegebiet Trier-Monaise schiebt sich inzwischen bedrohlich nah an den Schlosspark heran.

Monaise war als Sommer-Landsitz geplant. Als anspruchsvolle *Villa suburbana*, als Refugium, dessen Eigentümer den Rückzug aus der offiziellen Alltagswelt sucht – nicht zu verwechseln mit einer Weltflucht ins Landleben. Sein Schloss thront hoch und streng und schneeweiß in einer grünen Idylle. Es gibt keine Mauern, keine Umzäunung. Vogelgezwitscher, die Mosel, ein romantischer Monopteros im Park, zuweilen ein Reiter auf dem Weg zum benachbarten Reitplatz. Erst auf den zweiten Blick erkennt man, dass das abgelegene Schloss auch ein Restaurant beherbergt. Keine lauten Hinweistafeln weisen darauf hin, keine Markenwerbung, Firmenlogos, keine Plastikstühle. So will es die Denkmalpflege, seitdem das original erhaltene, bald 230 Jahre alte Schloss nach den strengen Kriterien restauriert wurde, die bei originaler Bausubstanz angewendet werden.

Schloss Monaise wurde 1779 bis 1783 für den Trierer Domdechanten Franz Graf von Walderdorff erbaut. Mit Absicht ließ sich der gräfliche Bauherr von seinem Architekten François Ignace Mangin ein Sommerschloss in der neuesten Mode aus Frankreich bauen. Damit bricht der Geistliche mit der kurtrierischen Barockarchitektur und bekennt sich – hintergründig – zu den Forderungen der Aufklärung.

Schönheit als Erziehungsmittel

Noch interessanter wird das Rätsel um dieses ungewöhnliche Schloss, wenn man an seinen Auftraggeber denkt. Er war ein Geistlicher, ein Dompropst – der Graf von Walderdorff (1739–1810). Er stammte nicht nur aus einer wohlhabenden und außerordentlich einflussreichen Familie, er war auch ein Menschenfreund, der an die Vernunft, an die Wirksamkeit vernünftiger Erziehung und an den Fortschritt in allen Lebensbereichen glaubte. Als er nach einer makellosen theologischen Karriere mit etwa 40 Jahren einen rund drei Jahre jüngeren Architekten beauftragte, ihm diesen Sommersitz zu bauen, dachte Walderdorff keineswegs an eine rein private Rückzugsmöglichkeit für sich selbst. Ihm ging es darum, ein öffentliches Zeichen zu setzen.

Die Architektur sollte die modernen, zeitgenössischen Menschenideale verkörpern, die auf Vernunft und Rationalität gründeten. Dazu gehörte, dass Walderdorff sein Schloss und den Park für Interessierte öffnete. Architektur und Gartenkunst sollten eine Geisteshaltung vermitteln, sie gehörten zum ästhetischen Erziehungsprogramm.

Ganz im Sinne der Aufklärung, inspiriert von dem damals revolutionär wirkenden Gedankengut von Voltaire und Rousseau, glaubte der theologisch gebildete Walderdorff an das Gute im Menschen. Er hoffte, dass man positive Charaktereigenschaften durch Vernunft, durch Bildung, durch die Auseinandersetzung mit dem Schönen, Kultivierten, Geistigen fördern könne. Wer für die Schönheit von Architektur und Kunst empfänglich ist, wer die klug und kenntnisreich gestalteten Details bewundere, wer das kunstvoll arrangierte Wechselspiel von Natur und Zivilisation erkenne und sich davon im tiefen Inneren ergreifen lasse, so hofften die Intellektuellen der Aufklärung, der werde durch dieses intensive Erleben auch zur Einsicht kommen.

Das Menschenbild der Aufklärung geht davon aus, dass es grundsätzlich eine geistige Entwicklung durch

gute Erziehung geben kann, und dass durch Vernunft und Toleranz langfristig ein besseres Zusammenleben der Menschen in Freiheit entstehen kann.

Das Genießen des Schönen solle den Betrachter der Kunst so erfüllen, dass er – oder sie – dadurch innerlich reife und ein geistiger Prozess der Erkenntnis beginne. Ganz in diesem aufklärerischen Sinne ließ Graf Walderdorff an zentraler Stelle über der Loggia das Cicerozitat »OTIUM CUM DIGNITATE« (Muße mit Würde) in Stein meißeln – freier übersetzt zu verstehen als Rat oder Aufforderung an jeden seiner Gäste: Genieße deine Muße mit Würde! Mit *Muße* verbindet man im 18. Jahrhundert die antiken Vorstellungen von Muße. Wenn das lateinische *Otium*, Muße, 1779 an der Fassade und im Namen *Monaise* anklingt, ist dies ebenso programmatisch gemeint wie wenn der Philosoph und Cicero-Übersetzer Christoph Martin Wieland sein Landgut in Oßmannstedt 1797 ›mein Osmantium‹ mit Bezug auf das Landgut *Sabinum* von Horaz nennt. Hier wie dort will man sich einen Ort abseits des Getöses der Stadt schaffen, wo man in einem beruhigenden Ambiente einen ›klaren Kopf‹ für konzentrierte Gedanken bekommt.

Ein Bauherr im Sinne der Aufklärung

Walderdorff erinnert mit dem Zitat aus Ciceros Rede *Pro Sestio* an den höheren Sinn der kurzen Zeit, die man auf dem Landsitz zubringt. Ihm ging es nie um Zerstreuung, wie auf den zeitgenössischen Jagdschlössern seiner Verwandtschaft, sondern um das Gegenteil, um Muße – ganz im Sinne einer römisch-antiken Villa. Walderdorff will mit Monaise eine aristokratische Lebensform ausdrücken, eine Haltung, kein Ereignis.

Würde war ihm wichtig, ganz im Sinne der antiken Philosophen. Um so ernüchternder, dass gerade ihn die Wirklichkeit einholte, als er sein elegantes, kaum drei Jahre altes Refugium im August 1786 einigen Jurastudenten überließ, während er sich selbst im Westerwald aufhielt. Die Studenten lieferten sich nach übermäßigem Genuss von Moselwein eine üble Schlägerei im Schloss, beschädigten die Einrichtung und griffen die Bediensteten an. Walderdorff war enttäuscht und schrieb an die Universität, dass sein Vergnügen an Monaise durch das »vorgefallene freche Bubenstücke merklich zerstöret« worden sei. Sein Schloss öffnete er weiterhin. Die Studenten bestrafte er hart, indem er ihnen das weitere Studieren und damit jeglichen akademischen Berufsweg abschnitt. Ihn empörte vor allem, dass die Randalierer seinen Gärtner, einen Mitstudenten und einen zu Hilfe Eilenden geschlagen hatten. Walderdorff sah in dem Vorfall einen unverzeihlichen Bruch mit menschlichen Grundregeln: »Denn in einem jeden gesitteten Staat verdienet der geringste Einwohner Schutz und die strengste Gerechtigkeit.« Ein moderner Grundsatz, ganz im Sinne der Aufklärung.

Walderdorff – vollständig Philipp Franz Wilderich Nepomuk Graf von Walderdorff – war ein Neffe des Kurfürsten Johann Philipp von Walderdorff (S. 82). Am 2. März 1739 in Mainz geboren, hat der Bauherr von Monaise drei Jahrzehnte lang die meiste Zeit in Trier gelebt und – zumindest in den Jahren 1767 bis 1797 – hohe Positionen als Geistlicher innegehabt. Er war in Zeiten, in denen in Kurtrier die Furcht vor dem Übergreifen der Französischen Revolution um sich ging, ein verlässlicher Protektor der 1783 in Trier gegründeten, misstrauisch beobachteten, und nach zehn Jahren verbotenen *Trierer Lesegesellschaft*, in der Adelige, gebildete Bürger, Professoren und Geistliche aufklärerisches Gedankengut diskutierten.

Walderdorff hatte in Salzburg studiert, wurde 1776 zum kurfürstlichen Statthalter und Domdechanten ernannt, erhielt im Jahr darauf die Priesterweihe, wurde 1781 Dompropst und stieg schließlich, als Höhepunkt seiner Laufbahn, 1797 zum Bischof von Speyer auf. Kein einfaches Amt. Als Walderdorff am 21. April 1810 starb, war er der letzte Fürstbischof von Speyer.

Hinter der Loggia liegt das Herzstück des frühklassizistischen Sommerschlosses, der mittig gelegene Festsaal. Seit einigen Jahren bildet er wieder den festlichen Rahmen für besondere Anlässe.

Die originale Ausstattung von 1779 wurde mit Aufwand und solider Sachkenntnis restauriert. Schönheit hat ihren Preis: Die 250 Jahre alten Schlossräume zu erhalten und zu pflegen, erfordert erheblichen Zeitaufwand, Geduld und Sensibilität.

Im Jahr 1779, als er Monaise in Auftrag gab, war Walderdorff als Domdechant für die Verwaltung des Domkapitels zuständig. Im Jahr 1779 kaufte er der Abtei Echternach dieses Grundstück mitsamt des bestehenden Hofguts Niederkerig ab, ließ die Burg abreißen und sich von seinem Architekten Mangin einen Neubau entwerfen. Vier Jahre später, 1783, war das Landschloss bezugsfertig. Leider sollte der nunmehr zum Dompropst aufgestiegene Graf Walderdorff nur wenig Freude daran haben – kaum acht Jahre später verkaufte er es 1791. Die neue Eigentümerin war Eleonore von Blochhausen, die dort bis zu ihrem Tod 1822 wohnte.

Der Architekt von Schloss Monaise

Monaise ist ohne Vorbild im Raum Trier. Wie eingangs festgestellt, erinnert es an die Sommerresidenzen des großen Baumeisters der Renaissance, Andrea Palladio. Auch sein Baumeister, François Ignace Mangin (1742 – nach 1809), bezeichnete Monaise als »italienisch«; er verehrte Palladio, der 200 Jahre vor ihm gelebt hatte. Trotz dieses italienischen Vorbildes schuf Mangin hier etwas Neues, Modernes. Um so erstaunlicher ist es, dass man über Mangin selbst nicht viel mehr weiß, als dass er seit 1760 als Bildhauer in der Nähe von Metz gearbeitet und dort mit seiner Familie gelebt hatte. Wie er nach Trier kam und wie Dompropst Walderdorff auf den etwa drei Jahre jüngeren Baumeister aufmerksam wurde, weiß man nicht.

Schloss Monaise ist heutzutage das erste und einzige erhaltene Gebäude von Mangin, den man stilistisch zu den Frühklassizisten zählen mag und dessen Persönlichkeit wenig bekannt ist. Als Mangins Hauptwerk, für das er schon zu Lebzeiten große Anerkennung erhielt, galt die Dompropstei in Mainz, mit deren Bau er 1781 begann. Leider wurde dieses Gebäude keine zehn Jahre alt, weil es 1793 von Revolutionstruppen zerstört wurde. Beim Einmarsch der Preußen und Österreicher floh Mangin aus seinem Haus in Mainz und musste nach Frankreich zurückkehren, wo er einige Jahre später verarmt starb. Goethe hatte die Dompropstei noch als »architektonisches Paradies« gelobt. Als Mangin damit begann, baute er gleichzeitig noch an Monaise.

Mangin war technisch auf dem neuesten Stand. So baute er etwa einen Blitzableiter, den ersten im Trierer Land, der wegen seiner innovativen Technik mehrmals in der Trierer Wochenzeitung thematisiert wurde. Mangin hätte dieses Detail dezent einbauen lassen können – doch bewusst positioniert er das technisch Neue an exponierter Stelle der Schlossfassade: über der Loggia, über dem altehrwürdigen Wappen seines Bauherrn mit dem Cicero-Zitat, ganz oben auf dem Schlossdach. Damit waren ihm bei der Fertigstellung des Schlosses im Jahr 1783 Aufsehen und Bewunderung gewiss.

Zugleich stellte er mit dem Blitzableiter seinen Auftraggeber als innovativen, realitätsbezogen denkenden Bauherren dar. Mangin und Walderdorff präsentieren sich mit Monaise als Kenner der italienischen Renaissancemeister und stellen sich geistesgeschichtlich in jene römisch-antike Linie, die zum Selbstverständnis der Stadt Trier dazu gehört.

Der Blick vom Garten auf das relativ kleine Schloss Monaise zeigt, dass sein Bauherr, Graf Walderdorff, eher einen villenähnlichen Landsitz als ein pompöses Schloss haben wollte.

Zugleich baut der Franzose Mangin mit Monaise das erste moderne Beispiel für eine in Kurtrier bislang unbekannte Architektur und bricht mit der bis dahin das Stadtbild prägenden Barockarchitektur. Während sogar aufwendige Neubauten – wie der Südflügel des Kurfürstlichen Palais, den Mangins Onkel 1761 hatte bauen lassen (S. 52) – noch wenige Jahre zuvor vom rheinisch-fränkischen Spätbarock des Hofarchitekten Johannes Seiz geprägt waren, ändert sich in der nächsten Generation der Geschmack völlig.

Beeinflusst durch die politische Dominanz Frankreichs, wünscht man sich nun ausdrücklich ›französische Bauten‹. Dafür lässt man sich Baumeister wie Mangin aus dem nahe gelegenen Frankreich kommen. Zur Bauzeit von Monaise war der – letzte – Kurfürst von Trier, Clemens Wenzeslaus von Sachsen, auch politisch dem französischen König gegenüber vollkommen loyal – und abgesehen davon eng mit dem Königshaus in Paris verwandt.

Blick von der Loggia in den Garten Richtung Trier, im Hintergrund die Hänge des anderen Moselufers.

Ein originales Schloss von 1783

Der Begriff *Schloss* ist für das kleine Monaise irreführend, denn das Gebäude besitzt nur eine Grundfläche von 200 Quadratmetern. Es erhebt sich auf einem strengen Grundriss von 20 Metern Länge und zehn Metern Breite. Gemessen an diesem Grundriss wirkt der Kubus mit seinen 13,60 Metern Höhe recht hoch. Im Inneren sind immerhin sechs Stockwerke untergebracht, während von außen nur vier Zonen erkennbar sind: Über dem Sockelgeschoss erhebt sich das Hauptgeschoss, das mit dem darüber liegenden Mezzaningeschoss durch die zentrale und geschossübergreifende Loggia eine Einheit bildet und durch ein niedriges Attikageschoss mit Balustrade abschließt.

Mit Geschick hat Mangin sein zurückhaltend dekoriertes Gebäude auf eine 1.700 Quadratmeter große und etwa 1,50 Meter hohe Terrasse mit vier Eckpavillons gesetzt und ihm so eine Sockelzone gegeben, die es aus dem Garten heraushebt und größer wirken lässt.

Das Herzstück bildet der Salon hinter der Loggia, heute der Speisesaal des Restaurants. Zur Moselseite schloss sich daran das Schlafzimmer Walderdorffs mit einem kleinen Kabinett an. Alle Räume besitzen eine sorgfältig gestaltete Wand- und Deckendekoration.

Obwohl Monaise zweihundert Jahre lang die Besitzer wechselte, wurde es – ein seltener Glücksfall, der oft auf Geldmangel beruht – nie umgebaut oder erweitert. Doch im 20. Jahrhundert stand es viele Jahre leer, wurde im Zweiten Weltkrieg beschädigt und danach von französischen Truppen genutzt. Passend zur Nutzung erhielt die Ausstattung gnadenlos einen olivfarbenen Anstrich. Nach 1965 ließ die Stadt Trier das Schloss sichern und übernahm es 1969. Dennoch hatte sie kein Geld für eine Sanierung, und eine denkmalgerechte Nutzung für das Kleinod war nicht in Sicht. Manche Kaufinteressenten schreckte der Sanierungsaufwand ab, andere wurden abgelehnt, weil ihre Nutzungsvorstellungen das Schloss zerstört hätten.

Schließlich formierte sich ein Förderverein mit hartnäckigen Bürgern, die Schloss Monaise nicht weiter seinem traurigen Schicksal überlassen wollten. Nach langjährigen Vorarbeiten der Stadt erklärte sich die Deutsche Stiftung Denkmalschutz 1992 bereit, die Hälfte der Sanierungskosten zu übernehmen und machte dadurch den Beginn der Arbeiten möglich. Insgesamt konnte die Stiftung damals mit Hilfe vieler Spender und der Lotterie GlücksSpirale 3,5 Millionen Mark (etwa 1,8 Millionen Euro) für die Rettung von Monaise aufbringen. Auch der Bund, das Land Rheinland-Pfalz und der Förderverein beteiligten sich. Die Sanierung war 1997 abgeschlossen.

Zwischen Nutzung und Abnutzung

Der Festsaal wird als Restaurant und vom Förderverein für Tagungen, Empfänge und kulturelle Veranstaltungen genutzt, während im Erdgeschoss, Souterrain und Keller die Küche, sanitäre Anlagen und weitere Restauranträume liegen. Die Pächterfamilie wohnt im Attikageschoss. Im zweiten Obergeschoss befindet sich eine Büroetage, die ebenfalls vermietet ist.

An dieser Stelle könnte die Erfolgsgeschichte der Sanierung mit einem zufriedenen Seufzer enden. Doch das tägliche Leben ist komplizierter als die Theorie. Nach der denkmalgerechten, aufwendigen Restaurierung steht man nach mehr als zehn Jahren intensiver Nutzung der alten Räume vor neuen Problemen. Es ist eine schwierige Gratwanderung, ein 200 Jahre altes Schloss mit empfindlichen Oberflächen heutzutage auf Dauer so zu nutzen, dass es nicht in kurzen Abständen restauriert werden muss.

Schloss Monaise wurde einst vom Adel für den Adel und wohlhabende Bürger gebaut, für Gäste, denen natürliche, empfindliche Oberflächen vertraut waren. Bauherr und Architekt bauten das Schloss nicht für Großveranstaltungen mit allen Nebenwirkungen. Alle Oberflächen sind handgefertigt, edel und deshalb so charmant, weil man sich auch bei der jüngsten Restaurierung 1997 nach den Rezepturen und Techniken des 18. Jahrhunderts richtete und den Zustand von 1783 wieder herstellte. Die betrunkenen Studenten hatten 1786 vorgeführt, wie man Türen und helle Wände in kurzer Zeit verändern kann. In Schloss Monaise ist nichts ›abwaschbar‹ oder ›schnell mal überzustreichen‹ wie in einem Neubau.

Dennoch ist jeder Pächter auf Gäste angewiesen, die sich wohl fühlen wollen, jedoch aus einem anderen Alltagsbezug kommen als vor zwei Jahrhunderten. Wer in Neubauwohnungen mit robusten Möbeln, mit Papiertapeten und Teppichboden aufwächst, wer Staubsauger, Reinigungsmittel und Farben aus dem Baumarkt kennt, weiß nicht, wie mühsam es ist, gewachstes altes Parkett zu reinigen. Allein schon die im Winter in die Beletage hinein getragene Mischung aus Schneenässe und Salz ist tödlich für das alte Versailler Parkett, das man nicht feucht wischen darf. Es gehört nicht zur Alltagserfahrung von Restaurantgästen, dass Schuhe mit Absätzen ebenso wie rabiat verschobene Stühle das Tafelparkett zerkratzen, dass regennasse Rucksäcke die Kalkfarben ablösen, dass feuchte Trinkgläser geölte Holzoberflächen zerstören. Allein das Anlehnen an Wände und Türen hinterlässt unversehens schwarze Streifen, die man nicht abwischen kann, weil das Wasser die Farbe lösen würde.

Deshalb dürfen die Pächter die ramponierten Wände im Treppenhaus und Stuckleisten nicht von einem Maler überstreichen lassen, sondern müssen – verständlicherweise – nach entsprechendem Antrag beim Denkmalamt einen Restaurator bestellen, der mit Kalkfarben nach speziellem Rezept arbeitet. Auch die neuen Holzfenster aus Fichtenholz mit Einfachverglasung sind der Wetterseite schutzlos ausgesetzt.

Über die Wege von der Küche zum Festsaal machte man sich 1779 andere Gedanken als heute, denn es gab Personal. Die Speisenfolge wurde durch Bedienstete, große Mengen Porzellan und Wärmeglocken organisiert. Heute hingegen sitzen die Gäste im Sommer gern auf der Terrasse, die keine Verbindung zur modernen Küche und zum Speisesaal im Obergeschoss hat. Die Terrasse liegt auf der Südseite und kann in der Hauptsaison nur eingeschränkt genutzt werden, weil Markisen am Baudenkmal nicht erlaubt sind und Sonnenschirme auf heißem Kies wenig bewirken.

Es ist nicht einfach, ein hochwertig saniertes, jedoch nicht auf Publikumsverkehr ausgerichtetes Schloss zu bewahren und zu bewirtschaften. Ein Schlossherr des 18. Jahrhunderts wie der finanziell gut abgesicherte Graf Walderdorff konnte auf andere Einnahmen zurückgreifen – ein Schloss des 21. Jahrhunderts besitzt keine Einnahmen außer den selbst erwirtschafteten. Die Schwierigkeit besteht bei alten Gebäuden nicht allein darin, sie zu sanieren, sondern *auf Dauer* eine verträgliche Nutzung für sie zu finden, die wirtschaftlich tragbar ist. Schloss Monaise ist heute nur deshalb interessierten Besuchern zugänglich, weil die Pächter das Schloss lieben und es in vielen privaten Arbeitsstunden aufwendig pflegen.

Monaise wurde zu selten als politisches Bauwerk verstanden, doch auch seine jüngste Rettung durch engagierte Bürger war ein politisches Signal. Der Bauherr, Graf Walderdorff, verband mit Monaise mit Sicherheit ein klug und diplomatisch formuliertes, und dennoch klares bauliches Bekenntnis zu den Forderungen der Aufklärung nach den Menschenrechten, das im aufgeschreckten Kurfürstentum für einen geistlichen Würdenträger wie ihn nicht ohne Risiko war.

Benutzte Literatur

Beatrice Härig: Schloss Monaise. Architektonisches Zeugnis der katholischen Aufklärung in Trier. Trier 1998.

Ein Säulenwald im Wald – die verwunschene Stimmung im halb kultivierten, halb wilden Park von Schloss Monaise regt zum Phantasieren über die materiellen Ursprünge von Säulen an.

Die Tourist-Information befindet sich direkt an der Porta Nigra. Über die Internetseiten der Stadt Trier sind viele Informationen zu finden: *www.trier.de*
Auf diesen Seiten findet man Übernachtungsmöglichkeiten in allen Preislagen, außerdem Angebote für Führungen und Besichtigungen sowie die Öffnungszeiten.

Wichtige Museen in Trier:

Stadtmuseum Simeonstift Trier
www.museum-trier.de
Simeonstraße 55
54290 Trier

Rheinisches Landesmuseum Trier
www.landesmuseum-trier.de
Weimarer Allee 1
54290 Trier

Bischöfliches Dom- und Diözesanmuseum Trier
www.museum.bistum-trier.de
Windstraße 6–8
54290 Trier

Museum Karl-Marx-Haus Trier
www.museum-karl-marx-haus.de
Brückenstraße 10
54290 Trier

Stadtbibliothek Trier
www.stadtbibliothek-trier.de
Weberbach 25
54290 Trier

Verwendete Literatur:

Bis heute als Überblick grundlegend für die Beschäftigung mit den Trierer Bauwerken, wenn auch in vielen Details durch neuere Forschungen nicht mehr ganz zutreffend, sind als Überblick vor allem über die bildlichen und schriftlichen Quellen und die ältere Literatur noch immer unentbehrlich:

Die Kunstdenkmäler der Rheinprovinz, im Auftrage des Provinzialverbandes herausgegeben von Paul Clemen. Band 13 (in drei Büchern über Trier): Die Kunstdenkmäler der Stadt Trier:
– Bd. 13, 1. Abteilung: Nikolaus Irsch: Der Dom. Düsseldorf 1931.
– Bd. 13, 2. Abt.: Die weltlichen Denkmäler der Stadt Trier. Bearbeitet von Hermann Bunjes u.a.
– Bd. 13, 3. Abt.: Die kirchlichen Denkmäler der Stadt Trier mit Ausnahme des Domes. Bearbeitet von Hermann Bunjes, Nikolaus Irsch, Gottfried Kentenich, Friedrich Kutzbach, Hanns Lückger. Düsseldorf 1938 (Nachdruck 1981).

Außerdem wurden für dieses Buch über Trier die Unterlagen der Deutschen Stiftung Denkmalschutz verwendet. Auf der Website der Stiftung *www.denkmal schutz.de* wird über die geförderten Projekte berichtet.

Wenn es nicht unter dem jeweiligen Text eigens erwähnt wird, wurde auf die Darstellungen von folgenden Autoren zurückgegriffen:

Für die Römerbauten vor allem auf die Arbeiten von Klaus-Peter Goethert. Als Einstieg sei besonders empfohlen: Römerbauten in Trier. Führungsheft Nr. 20 aus der Reihe Editionen Burgen, Schlösser, Altertümer Rheinland-Pfalz. Hsg.: Burgen, Schlösser, Altertümer Rheinland-Pfalz, Landesamt für Denkmalpflege Rheinland-Pfalz und Landesmedienzentrum Rheinland-Pfalz. Regensburg 2005. (Dort auch ein ausführliches Literaturverzeichnis)

Für die Ausgrabungen unter der Dom-Information und unter St. Maximin besonders die Arbeiten von Winfried Weber. Verwendet wurden ebenfalls Webers Kunstführer zur Jesuitenkirche und zu Heiligkreuz.

Für die Geschichte Triers und des Domes besonders die Bücher von Franz Ronig. Als Einstieg sei empfohlen: Der Dom zu Trier. Königstein im Taunus 1982.

Für die Liebfrauenkirche die Dissertation von Nicola Borger-Keweloh: Die Liebfrauenkirche in Trier. Studien zur Baugeschichte. Hsg. Rheinisches Landesmuseum Trier im Selbstverlag. Trier 1986.

Ausstellungskatalog Triererer Bibliotheken Nr. 16, hsg. von der Stadtbibliothek und der Universitätsbibliothek Trier: Aufklärung und Tradition. Kurfürstentum und Stadt Trier im 18. Jahrhundert. Hsg. Gunter Franz. Trier 1988.

Einen Überblick über den Forschungsstand und die zuletzt erschienenen Biografien zu Konstantin gibt der Ausstellungskatalog zur Landesausstellung über Konstantin im Jahr 2007:
Alexander Demandt und Josef Engemann (Hsg.): Konstantin der Große. Mainz 2007.

Diese sieben Bände sind bisher in der Reihe monumente edition von Angela Pfotenhauer und Elmar Lixenfeld im gleichen Format (21 × 29,7 cm) erschienen:

Backsteingotik

144 Seiten
223 meist farbige Abb.

Broschur
ISBN 3-936942-07-2

Einband
ISBN 3-936942-10-2

Romanik in Sachsen-Anhalt

144 Seiten
170 meist farbige Abb.

Broschur
ISBN 3-936942-15-3

Einband
ISBN 3-936942-19-6

Quedlinburg

144 Seiten
345 meist farbige Abb.

Broschur
ISBN 3-936942-45-5

Einband
ISBN 3-936942-46-3

Barock in Sachsen

144 Seiten
220 meist farbige Abb.

Broschur
ISBN 3-936942-09-9

Einband
ISBN 3-936942-11-2

Wismar und Stralsund

144 Seiten
330 farbige Abb.

Broschur
ISBN 3-936942-55-2

Einband
ISBN 3-936942-56-0

Weimar

160 Seiten
über 400 farbige Abb.

Broschur
ISBN 3-936942-65-x

Einband
ISBN 3-936942-66-8

Oberes Mittelrheintal

144 Seiten
über 300 farbige Abb.

Broschur
ISBN 3-936942-76-5 und
ISBN-13 978-3-936942-76-7

Einband
ISBN 3-936942-77-3 und
ISBN-13 978-3-936942-77-4

Idee, Konzeption, Redaktion und Gestaltung:
Dr. Angela Pfotenhauer und Elmar Lixenfeld
Text: Dr. Angela Pfotenhauer
Fotografie: Elmar Lixenfeld

Herausgeber:
Deutsche Stiftung Denkmalschutz, Bonn

Titelbild: Trier, Dom
Rückseite: Stadtpanorama, Blick nach Osten

Collage vorn: Römisches Trier, Exponate aus dem Rheinischen Landesmuseum Trier, mit freundlicher Genehmigung
Collage hinten: Trier als Rosenstadt (Nell's Ländchen)
Zitat S. 2 aus: D. Magnus Ausonius, Mosella.
Hsg.: Otto Schönberger, Stuttgart 2000

monumente Publikationen
der Deutschen Stiftung Denkmalschutz
Leitung: Gerlinde Thalheim
Dürenstraße 8, 53173 Bonn
Telefon 0228/95735-0, Fax 0228/95735-28
www.monumente.de
shop@monumente.de

Schrift: Merkurio von Elmar Lixenfeld
Druck: Rasch GmbH, Bramsche

Broschur: ISBN 978-3-936942-82-8
Einband: ISBN 978-3-936942-83-5

Ein besonderer Dank geht an

Prof. Dr. Beatrix Bouvier
Dom- und Diözesanmuseum Trier
Prof. Dr. Klaus-Peter Goethert
Dr. Karin Goethert-Polaschek
Markus Groß-Morgen M.A.
die Mitarbeiterinnen und Mitarbeiter der Dom-Information
Beatrice Härig M.A.
Reinhold Hanakam
Br. Thomas Hochhausen OSB
Pater Alois Hülskamp SDB
Katholisches Pfarramt St. Paulin
Katholisches Pfarramt Heiligkreuz
Franz-Josef Kleinbauer
Anette Köhler M.A.
Dr. Eckart Köhne
Michael Kopp
Dr. Ulrich Lambrecht
Abt Ignatius Maaß OSB
Christian Millen
Robert Noll
Rheinisches Landesmuseum Trier
Andrea Riesbeck M.A.
Prof. Dr. Dr. Franz Ronig
Quintus Aurelius Symmachus (†)
Gerlinde Thalheim
Prof. Dr. Winfried Weber

Die Deutsche Stiftung Denkmalschutz beteiligt sich dank ihrer vielen Förderer und der Fernsehlotterie GlücksSpirale an der Rettung, Sanierung und Restaurierung von Baudenkmalen und Denkmälern im Welterbe *Trier*.
Dazu zählen in Trier der Frankenturm (S. 84) und Schloss Monaise (S. 134).

Spenden an die Deutsche Stiftung Denkmalschutz sind bis zehn Prozent des Gesamtbetrages der Einkünfte steuerlich abzugsfähig. Spender erhalten eine Spendenbestätigung.

Spendenkonto 30 555 55 00
BLZ 380 400 07
Commerzbank AG Bonn

DEUTSCHE STIFTUNG
DENKMALSCHUTZ

Geschäftsstelle:
Koblenzer Straße 75, 53177 Bonn
Telefon 0228/95738-0, Fax 0228/95738-23
www.denkmalschutz.de